城市轨道交通运营车辆系统岗位培训教材

城市轨道交通车辆系统功能与组成

丛书主编 张 辉 谭文举 柳 林
主　　编 王 亮 罗 敏 明 洪 唐宇斌
主　　审 李文柱 李 军

中国建筑工业出版社

图书在版编目（CIP）数据

城市轨道交通车辆系统功能与组成/张辉，谭文举，柳林丛书主编；王亮等分册主编. —北京：中国建筑工业出版社，2017.10
城市轨道交通运营车辆系统岗位培训教材
ISBN 978-7-112-20928-6

Ⅰ.①城… Ⅱ.①张… ②谭… ③柳… ④王…
Ⅲ.①城市铁路-铁路车辆-岗位培训-教材　Ⅳ.①U239.5

中国版本图书馆 CIP 数据核字（2017）第 156016 号

本书共 3 章，分别是城市轨道交通概述、地铁电客车系统组成及研究、典型故障分析等内容。本书根据城市轨道交通车辆系统功能与组成岗位标准和培训规范进行编写，对我国城市轨道交通车辆系统的实践进行的较为科学、全面的总结，具有较强的实用性和操作性。

本书可作为城市轨道交通运营车辆系统岗位培训考试用书，也可作为运营管理部门、设计部门、科研单位和教育机构的参考书。

责任编辑：胡明安
责任校对：焦　乐　刘梦然

城市轨道交通运营车辆系统岗位培训教材
城市轨道交通车辆系统功能与组成
丛书主编　张　辉　谭文举　柳　林
主　　编　王　亮　罗　敏　明　洪　唐宇斌
主　　审　李文柱　李　军

*

中国建筑工业出版社出版、发行（北京海淀三里河路 9 号）
各地新华书店、建筑书店经销
霸州市顺浩图文科技发展有限公司制版
环球东方（北京）印务有限公司印刷

*

开本：850×1168 毫米　1/32　印张：8⅜　字数：231 千字
2017 年 10 月第一版　　2017 年 10 月第一次印刷
定价：**30.00** 元
ISBN 978-7-112-20928-6
（30578）

版权所有　翻印必究
如有印装质量问题，可寄本社退换
（邮政编码 100037）

本书编委会

丛书主编：张　辉　谭文举　柳　林
主　　编：王　亮　罗敏明　洪　唐宇斌
主　　审：李文柱　李　军
编　　委：（排名不分先后）

　　　　　黎　鑫　李福斌　高大毛　钟国强　郑吴富
　　　　　李　辉　李大洋　谭睿珂　黄凯宇　向伟彬
　　　　　黄　斌　桂许悦　秦杰荣　王　磊　赵磊通
　　　　　毛松平　邓伟健　徐莎莎　任崇会　李燕艳
　　　　　张雪琦　李军生　邱士正　张振东　张　度
　　　　　王交奇　韦庭三　旷文茂　李　爽　张小勇
　　　　　何　君

参编单位：南宁轨道交通集团有限责任公司
　　　　　中国建筑股份有限公司

序

目前，随着我国城市轨道交通事业的快速发展，城市轨道交通的运营、管理及安全已经摆到了首位。轨道交通系统一旦建成，就必须夜以继日地保持系统的安全和高效运营。城市轨道交通系统设备先进、结构复杂，高新技术应用越来越普及，要保障这样庞大系统的安全和高效，必须依靠与之相协调的高素质的人员。轨道交通行业职工素质的高低直接关系到企业的生存和发展。因此，企业必须拥有一支高素质的技术队伍，培养一批技术过硬、技艺精湛的能工巧匠，才能确保安全生产，提高工作效率，提升非正常情况下的应急应变能力。

岗位培训是人才培养的重要途径，是提高企业核心竞争力的重要手段，而岗位培训需要适合的培训教材，在对国内城市轨道交通行业进行广泛调研的基础上，推出了"城市轨道交通运营车辆系统岗位培训教材"，涉及城市轨道交通标准化作业教程、电客车驾驶、工程车驾驶、工程车检修技术、厂段调度、车辆系统功能与组成、车辆检修技术、设备维修技术、设备操作原理、运营安全管理等内容。

本套教材由南宁轨道交通集团和中国建筑股份有限公司组织从事城市轨道交通建设和运营管理的专家编写。在教材内容方面，力求实用技术和实际操作全面、完整，在注重实际操作的基础上，尽可能将理论问题讲解清楚，并在表达上能够深入浅出。本套丛书不仅是城市轨道交通工程运营专业人员的岗位培训、技能鉴定的培训教材，也可以作为城市轨道交通大中专院校、职业学校学生的教学参考用书。

相信该套培训教材，能在广泛吸收国内、外同行技术与管理经验的基础上,结合国内行业实际情况,为城市轨道交通车辆系统,提供一套完整而系统的参考读物,亦为我国城市轨道交通运营管理的基础理论和实用技术填补空白。

张 辉

前　　言

自从世界上第一个地铁系统于 1863 年在英国伦敦建成运营以来，世界各大城市都采用轨道交通系统作为城市骨干公共交通系统。我国的城市轨道交通系统始于 1965 年，在城市公路交通状况日益恶化的背景下，全国越来越多的大中城市大力发展城市轨道交通来缓解交通拥堵状况。

在城市轨道交通系统中，电客车是承担正线运营服务的主要设备。电客车状态的好坏直接影响运营效率、运营质量和运营安全。而保障电客车车辆状态需要大量具有相关专业知识的技术人员和一线员工。随着目前我国各大城市轨道交通行业迅速发展，电客车专业人才的缺口不断增大，故迫切需要一部深入浅出、简明易懂、可在短时间内培养一批技术人员的教材。本书便是基于以上目的编著而成。

本书以南宁轨道交通一号线为例，通过介绍电客车组系统结构分解和典型系统故障分析相结合的方式，阐明了 RAMS 管理在城市轨道交通电客车运营使用中的应用方式。本书共分为 3 章，分别是：城市轨道交通概述、地铁电客车系统组成及研究、典型故障分析。

本书对编者多年来在轨道交通行业的实践进行了较为全面和科学的总结，具有较强的实用性和操作性，可作为城市轨道交通电客车技术工程师和电客车检修工的职业培训教材，也可供城市轨道交通系统的技术管理人员参考和借鉴。

本书在编写过程中得到了公司各级领导、专家的大力支持，在此一并致谢。在成文过程中，也参考和引用了部分同行的相关成果，特向相关作者表示感谢。鉴于编者水平有限，书中纰漏和不足之处在所难免，恳请广大专家、读者批评指正！

目 录

1 城市轨道交通概述 ………………………………………… 1
  1.1 RAMS 基本理论 ……………………………………… 1
    1.1.1 背景介绍 ……………………………………… 1
    1.1.2 RAMS 基本概述 ……………………………… 3
    1.1.3 基于 RAMS 的故障分析方法 ………………… 11
    1.1.4 RAMS 管理的必要性 ………………………… 16
  1.2 RAMS 在地铁车辆中的运用 ………………………… 17
    1.2.1 国内外研究现状 ……………………………… 17
    1.2.2 轨道车辆 RAMS 管理 ………………………… 20
    1.2.3 轨道车辆 RAMS 管理的具体应用 …………… 29

2 地铁电客车系统组成及研究 …………………………… 31
  2.1 地铁电客车机械系统组成 …………………………… 31
    2.1.1 车体 …………………………………………… 31
    2.1.2 转向架系统 …………………………………… 42
    2.1.3 车钩系统 ……………………………………… 74
    2.1.4 供风制动系统 ………………………………… 88
    2.1.5 车门系统 ……………………………………… 98
    2.1.6 客室内装 ……………………………………… 141
  2.2 地铁电客车电气系统组成 …………………………… 162
    2.2.1 牵引系统 ……………………………………… 162
    2.2.2 辅助电源系统 ………………………………… 195
    2.2.3 列车控制及诊断系统 ………………………… 200

  2.2.4 乘客信息系统 …………………………………… 219
3 典型故障分析 ………………………………………… 238
 3.1 机械系统典型故障分析 ……………………………… 238
 3.2 电气系统典型故障分析 ……………………………… 250

1 城市轨道交通概述

1.1 RAMS 基本理论

RAMS 即广义的可靠性,是可靠性(Reliability)、可用性(Availability)、可维护性(Maintainability)和安全性(Safety)的总称。在研究对象的生命进程中,利用已验证的工程技术与工具达到相应指标的安全性,并反映规定时间段内的标准置信度,能预示、分析并控制或消除所研究对象发生的故障危害,提高可靠性,使所研究对象处于安全区间内。RAMS 现已广泛应用于轨道交通行业,学者们提出了众多基于 RAMS 的轨道交通行业评判指标,以使地铁列车满足 RAMS 要求,进一步提高列车运行的可靠性,减少后期运营管理费用。RAMS 管理可量化被研究对象的质量影响,并表现在乘客服务水平上。其特性与列车所处的外界环境、工作负荷、线路条件、载客量、运营速度及司机操作等因素相关,是一种时间累积特性。

1.1.1 背景介绍

在 1939 年,美国出版了《适航性统计注释》,书中首次提出飞机的故障率必须小于 0.00001 次/h,这是最早出现的对可靠性进行定量评价的描述。1942 年,麻省理工学院则根据美国在军用航空领域实际遭遇到的难题,开拓性的提出了可靠性的定义。

20 世纪 40 年代,美国政府成立了专门的可靠性机构:电子管研究委员会,其职责是专门研究电子管可靠性的相关问题。20 世纪 50 年代,多数国家开始对关系到国家生死存亡的武器系统的可靠性问题进行探索研究，进而确定了可靠性研究分析的理论基础及方向。在1952年，美国国防部专门成立了电子设备可靠性管理咨询小组，并发表了《军用电子设备可靠性》的可靠性研究分析报告，该报告第一次系统地确定了可靠性工程技术的发展研究方向以及未来的应用领域。20世纪60年代中期，可靠性技术委员会成立，这个部门专门负责协调世界上所有可靠性用语规范、可靠性方法步骤规范以及分析管理等可靠性领域的相关工作。

20世纪70年代，产品的可靠性问题引起了世界多数国家的普遍关注。在欧美各国，可靠性技术的研究已经从尖端武器与电子科技等领域逐步蔓延到了其他领域，如机械、电气、原子能、冶金、铁道、船舶、化工以及电站设备等等。可靠性研究工作逐步从军工产品扩展到民用产品，越来越多的部门和领域都认识到可靠性分析技术的重要意义及引入可靠性分析技术将会给企业带来的巨大经济效益，这使得可靠性的研究工作进入了一个崭新的蓬勃发展的历史阶段。

我国对RAMS的研究起步较晚，20世纪60年代首先在电子、航空部门进行了电子元件筛选试验及导弹制导系统可靠性研究。到了20世纪70年代，为了保证电子产品质量，国家有关部门对电子元器件的可靠性给予了极大重视，提出了严格要求，与此同时，航天部门可靠性工程的研究与试验也取得了巨大的成绩

1984年，在国家相关部门的领导下，一系列关于可靠性的国家标准和专业标准被相继制定，使我国的可靠性分析研究以及科学化地管理工作成功进入了标准化轨道。1992年，我国开始采用先进的ISO9000《质量管理和质量保证》系列标准，与此同时，国家还制订了4个关于寿命试验与加速寿命试验方面的相关标准以及《设备可靠性试验》标准等，所有这些举措都大大改进并提升了产品的质量，使"事后检验"改进变为"事前预防"，从而有效地提升了产品质量，使得可靠性研究逐渐渗透到各个领域。

近年来，产品的可靠性与维修性、安全性越来越受到重视并一起得到发展。从 1992 年开始，我国已经成功举办了多届国际可靠性、维修性与安全性会议，会议研讨内容均为近几年国际质量与可靠性领域的前沿水平，这一会议极大地加强了世界各国间在可靠性、维修性以及安全性方面的技术交流，促进提高了我国可靠性分析人员的技术水平，带动了世界范围内可靠性技术的进步。

1.1.2 RAMS 基本概述

1. 基本概念

（1）RAMS 的组成和定义

RAMS 是可靠性（Reliability）、可用性（Availability）、维修性（Maintainability）和安全性（Safety）的缩写，RAMS 工程是专门研究产品的 RAMS 特性的一门专业学科，主要目的是与产品的故障作斗争、最大限度的提高产品的可用性、改进产品的维修性、保证产品的安全性，并降低产品的全寿命周期费用（LCC）。

RAMS 工程是一项系统工程，只有涉及的部门全力配合，才能最终保证产品的可靠性和安全性。只设计出安全可靠的零部件，或者只组装出安全可靠的列车，或者只在运行过程中采取相应的措施均不足以最终保证产品在使用过程中的可靠性和安全性，只有运营商、整车厂、机车、车辆部件的生产商（包括单独零件、部件的供应商）全力配合，才能在 LCC 的限制下，保证产品的可靠性和安全性。

1）可靠性（Reliability），是指产品（轨道交通车辆）在规定的条件下运行时，在规定的时间内保持规定功能的能力。可靠性具有三个特征：①关注故障；②用定量的形式判断故障发生的可能性；③评价故障对系统功能的影响程度。可靠性具有 2 个基本参数：MTBF 平均故障间隔时间和 MTBSF 平均服务故障间隔时间。

2）可用性（Availability），是指产品（轨道交通车辆）在任一随机时刻需要和开始投入正线运行任务时,处于可工作或可使用状态的程度,就是产品(轨道交通车辆)处于可工作状态的可能性,包括维护保障能力及使用保障能力。

3)维修性(Maintainability),是指产品(轨道交通车辆)在规定的条件下和规定的时间内,按规定的程序方法进行维修时,保持或恢复到其规定状态的能力。

维修性具有三个特征:①关注故障,是针对故障的一种活动;②修复车辆故障的能力,表达车辆维修的难易程度;③产品设计所赋予的一种固有属性。

维修性具有2个主要参数:MTTR平均修复时间、$MTTR_{max}$最大修复时间。

4)安全性(Safety),是指产品(轨道交通车辆)不发生系统危险事件(Hazard Event,亦称事故)的能力。安全涉及在各种环境条件和工作条件下,在运行、维护和维修过程中发生的所有危险。关注危险,产品的危险包括:人员伤亡、重大财产损失、环境破坏。故障是危险的主要来源,危险性故障是全部故障的子集。安全性基本参数:MTBHE平均危险故障间隔时间。

可靠性技术是一种用来研究产品全寿命过程中故障发生的原因及发展规律,有针对性的降低产品的故障率,从而提高产品质量的工程技术。在我国国标中,可靠性被定义为:产品在规定条件下和在规定时间内完成规定功能的能力。它旨在描述一个产品或系统随着时间的推移,能否稳定保持原有工作性能的问题。

(2)可靠性指标

1)故障率

故障率是指某正常工作的产品,从此刻起单位时间内发生故障的概率,记为$\lambda(f)$。

对于可修复的产品,我们可以获得其寿命期中某观察期的观测值,即:产品故障发生次数和工作时间的总和。

一般情况下,故障率可分为三个阶段。

① 早期阶段。这个阶段由于产品刚投入使用,产品有可能

存在不合格或加工装配工艺不好的问题等，致使故障率较高。但随着时间的推移，由于产品的更换、磨合等因素，故障率会迅速下降下来。

② 故障率稳定阶段。产品的故障率在这个阶段是随机发生的，基本上等于一个常数，并且故障率的值较低。这一阶段是产品的主要工作阶段，在实际工作中，需要通过实时维修、科学管理来减小故障率，延长产品在稳定阶段的工作时间。

③ 故障率高发阶段。这一阶段由于产品的老化、磨损等，使其故障率迅速上升，如果不及时采取相应的预防性措施，产品很可能会因为故障而报废，造成经济损失甚至安全事故。因此，提前预测故障高发阶段的起始时间，及时发现、更换有故障的器件，对于保证产品工作在故障率稳定阶段具有重要意义。

2) 可靠度

可靠度是指用概率来度量产品在规定时间内和规定条件下，完成产品预定功能的能力。对产品而言，可靠度越高越好，可靠度高的产品，可以长时间正常工作，从专业术语上来说，就是要使产品无故障工作的时间越长，就要让产品的可靠度越高。

3) 平均修复时间

平均修复时间（Mean Time To Repair）是指修复元件所需时间的平均值，记为 MTTR。修复元件所需的时间一般是一个随机变量。

4) 平均故障间隔时间

对于可修复产品，为了保持其正常工作，当产品发生故障时，需要及时对其进行维修，以恢复正常工作状态。平均故障间隔时间（Mean Time Between Failure）是指产品每次故障之间能正常运行的平均时间，一般记为 MTBF。

2. 故障定义

运行故障是指：列车正常运行期间，列车发生的故障。

(1) 运营服务故障

运营服务故障是指列车不能继续维持商业运营或对商业运营

造成较大影响的故障，包括：

1）救援：即需要另外一列车将故障列车拖回车辆段。

2）掉线：需要立即疏散乘客，列车空车返回车辆段。或将乘客运送至终点站后，列车返回车辆段。

3）未出库：由于车辆某一部件不能正常工作导致列车不能按所排定的运行图上线运营，需由其他列车替代其投入运营。

（2）晚点故障

1）大晚点：列车因故障在线路上停车时间超过5min，对商业运行造成了较大影响。

2）晚点：列车因故障在线路上停车时间超过2min，对商业运行造成了影响。

（3）维护故障

1）碎修列检故障：车辆运营中由司机发现的车辆故障及检修人员检查中发现的故障。

对列车运营可靠性的要求：

① 服务故障：每列车平均无故障时间6000h；

② 晚点故障：每列车平均无故障时间2000h；

③ 碎修列检故障：每列车平均无故障时间150h。

④ 列车可靠性计算采用以下公式：

2）每列车平均无故障时间＝（年总运行组公里/旅行速度）/年故障次数

3. 组成及关系

（1）轨道交通RAMS管理的理论基础

随着企业改革发展的推进，原有管理体系的重组与整合不可避免，势必造成管理上暂时的青黄不接。主要体现在面对轨道交通车辆数以百万计的各种元（部）件、数据模块，其运行安全性、风险源的管控以及列车运行状态的预判等都需要通过新的、先进的管理理念、管理模式、管理措施和管理水平来加以提升。轨道交通车辆RAMS管理工作的建立是有效保障轨道交通安全、高效运行的基础工作之一，是保障城市轨道交通安全运营、降低寿命周期费用和与国际先进水平接轨的必要工作。

（2）轨道交通 RAMS 四要素（图 1.1-1）

RAMS 作为一项产品、设备或者系统，在整个寿命周期内既辩证统一又相互联系、相互作用。那么，轨道交通产品或系统的可维修性指标的落实，可相对印证该项目的可用性的存在；轨道交通设施设备的安全性指标的提升，就意味着该项目可靠性性能参数的大幅提高。

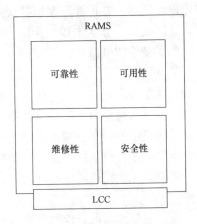

图 1.1-1 轨道交通 RAMS 组成四要素图

（3）轨道交通 RAMS 四要素相互关系

1）可用性与可靠性的关系

可靠性对可用性的影响主要表现为当产品、设备与系统发生故障时，无法在规定时刻或时间间隔内完成所要求的功能。因此，设备系统可靠性对其可用性的影响取决于故障状况，而故障状况主要包括故障模式、故障发生概率、故障检测率、故障严重性、故障损害大小等。例如，地铁列车在发生亏电时，使用逆变器应急启动，在 60s 内触发启动单元列车工况。这一设计理念就是对列车可靠性体现，当运行区间发生断电时，就可利用此项功能恢复列车运行状态。

2）可用性与维修性的关系

产品、设备与系统的维修性，即维修的难易程度，主要通过与维修所需的相关时间量来影响可用性。为提高设备系统的可用性，设备系统既要保持较高的可靠性，还需具有良好的维修性。主要包括提高标准化和互换性、具有防差错识别标记、保证维修安全、关键部件的可修复性、减少维修内容和降低维修技术要求和符合维修人机工程要求等。例如，地铁列车的控制回路使用模块化设计理念，并将控制模块群安置在列车司机室后背的设备柜中，这既提高了标准化和互换性，又方便了检测和更换，其目的是具备了良好的维修性。

3）可用性与运行的关系

在整个寿命周期内，产品、设备与系统可用性还可能受到运行模式、寿命期望值、环境条件与人为因素的影响。例如，某地铁1号线使用的列车空调在设计之初并未完全考虑到全线高架线路在南宁炎热夏季条件下的运行工况，结果适逢连续高温日，列车空调根本无法完成降温冷却需求，其可用性和寿命期望值就大打折扣。

（4）安全性与可靠性的关系

安全性与可靠性有关的因素主要包括：产品、设备与系统存在的危险、危险后果严重性、危险发生概率、发生危险事件的顺序及并发率等。例如，地铁车辆使用的继电器分为电磁式和磁簧式两种，但在某子系统控制回路发生大电流故障时，往往电磁式继电器发生故障的概率要高于磁簧式继电器，其可靠性直接影响到列车排除故障恢复运营的可能与否。

（5）安全性与可维修性的关系

安全性与可维修性的关系主要表现设备或系统发生故障时对其开展维修工作的状态之下，主要包括维修位置对人体力学的影响、发生维修错误的概率、故障诊断、修复时间与安全控制等。例如，地铁列车气制动单元均在列车底部，但在车厢内独立设置了一个控制气阀，这一设计就是为了在列车发生故障迫停区间的状况下，方便列车司机无需下到隧道内、爬入车底进行气路人工缓解，而只需在车厢就可即时操作，提高了工作效率，提高了安全性。

（6）安全性与运行维修的关系

影响系统安全性的运行维修因素主要有人的因素、安全设备与规章制度、安全控制与措施等。只有全面考虑系统RAMS的构成与其相互关系,并使之综合优化,才能实现一个可靠、安全与高效的系统。人的因素往往是 RAMS 外在的重要因素,地铁列车安全性的体现既可从列车司机操纵上获得,亦可在检修人员维修过程中得到保障。

4. RAMS 与 LCC 的关系

(1) LCC 与 RAMS 的结合

RAMS 技术是用来描述研究对象的广义可靠性,而它与 LCC 也密切相关。以车辆检修为例,在设计和实施阶段,提高轨道结构的可靠性,意味着增加初期成本,降低后期运营维护成本;而可靠性不可能无限提高,需要在其性能与全寿命周期成本之间取得平衡。也就是说,同时实现车辆检修的性能最佳和全寿命周期成本最低是不现实的,而研究的目标应该在于,在满足车辆检修可靠性最低要求的前提下,寻找全寿命周期成本最低的平衡点。

如图 1.1-2 所示,可靠性越高,可靠性成本越高,运营维护成本越低。因而存在可靠性成本的最优点,此时综合成本最低。但在工程实践中,寻找类似的最优解是困难的,因此在进行方案设计和比选时,可在满足最低可靠性要求的基础上,寻找全寿命周期成本最低的方案,作为实际的优选方案。

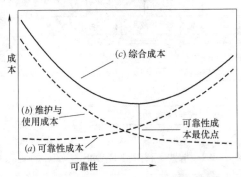

图 1.1-2 全寿命成本最优示意图

将 LCC 与 RAMS 结合应用于地铁领域,有非常重要的意义,它将研究对象的性能与成本联系起来,即将技术与经济结合,寻找技术与经济的最佳平衡点。地铁在运行期间 RAMS 与 LCC 的关系如图 1.1-3 所示。地铁在进入运行阶段后,可用 RAMS 描述地铁运行和维护的一些特性,包括可靠性、可用性、可维护性、安全性等。同时运营部门将从全寿命周期成本(LCC)的角度考虑地铁运行期间的各种费用,包括采购(车辆等设备)、运行费用、维护费用、地铁不可用的费用(因列车延时或限速受罚或赔偿)等。地铁的相关技术特性与成本有着密切的关系,但它们之间并不是一一对应,因此需要以合适的方式将其结合起来。

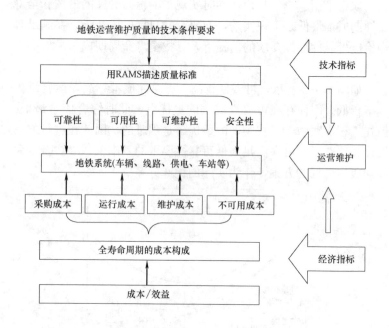

图 1.1-3 地铁运行阶段 RAMS 与 LCC 的关系

对地铁运营方来说,将 LCC 与 RAMS 结合起来,可以优化线路的维护策略:何时采取何种措施对线路进行维护,把影响线路安全性的危害降到最低,尽量减少对地铁运营活动的干扰。

1.1.3 基于RAMS的故障分析方法

20世纪30年代，是可靠性数学最早能追溯到的时间，主要应用于机器的维修问题，另外，威布尔（Weibull）、爱波斯坦（Epstein）和贡贝尔（Gumbel）等研究了材料的寿命和相关的极值理论。直到二次世界大战前后，可靠性研究才被重视起来，基本原因是军事技术设备的复杂化，然而越复杂故障越容易发生，解决复杂性与可靠性之间的矛盾成为重大难题，因而从20世纪50年代至今，可靠性（RAMS）这门学科以飞快的速度发展着。

目前，国内外有关系统RAMS分析的研究已经相对成熟，而且针对不同的问题进行RAMS分析时因为侧重点不同，所以采取的方法也不同。常用的RAMS分析方法有以下几种：

1. 故障模式、影响和危害性分析法（FMECA）

故障模式、影响和危害性分析（Failure Mode Efiects and Criticality Analysis，记为FMECA）是通过工程实践总结出来的，通过确定故障模式来分析故障的影响和后果。它通过对各个组成部分的故障进行分析来确定其对整个系统工作的影响，经由全面分析以后找出在系统设计中的关键环节和薄弱部分，为评估和改善系统设计可靠性提供基本信息。其针对的是产品中所有可能发生的故障。

该方法通过从这些故障中找出单点故障，按照故障模式的严重程度以及其发生概率的大小确定它的危害性。这里所说的单点故障是指引起产品故障的、且没有可以替代的工作程序来补救的局部故障。FMECA包括故障模式和影响分析（FMEA）以及危害性分析（CA）。这种方法是在20世纪50年代，由一家美国公司率先提出，并将其在战斗机操作系统的可靠性分析设计中首次运用。

2. 故障树分析法（FTA）

故障树分析（FTA：Fault Tree Analysis）法是1962年由美国贝尔公司的电话实验室开发出来的，它按照系统的逻辑关系对故障进行分析,过程直观明了,思路简单清晰,而且还有很强的逻辑性。该方法既可以实现系统的行定性分析,又可以完成系统的定量分析。FTA 首先从系统故障的原因进行分析,找出相应的逻辑关系并绘制出故障树,然后通过找出最小路集和最小割集做定性的可靠性分析,最终确定出故障发生的概率和原因。美国原子能委员会在 1974 年发表的拉姆森报告(关于核电站危险性评价的报告)中,就大量地应用了 FTA,该报告导致了故障树分析法的迅速发展。

对于故障树分析,获取顶事件的最小割集(MCS)并对其进行不交化是后续处理的基础,早期的 Fussell-Veseley 和 Semenderes 算法虽然能得到故障树顶事件的 MCS,但要对形成的 MCS 不交化是非常繁琐耗时的,20 世纪 90 年代以来,出现了采用二元决策图(Binary Decision Diagram,BDD)分析故障树的方法,可以在得到 MCS 的同时对其不交化。

近年来计算机和网络技术飞速发展,其系统具有冷热备、顺序相关性等特性,传统的故障树仅采用了与门、或门、选择门等,不能有效描述其行为,为了适应其可靠性分析的需要,提出了动态故障树分析方法,使用了新的能够反映事件时序关系的逻辑门,如优先与门、冷备门、热备门等。

(1) 故障树基础

故障树分析是用于大型复杂系统可靠性和安全性分析的一个有力工具,其基本分析过程包括:选择顶端时间,建立故障树,定性和定量评定故障树。顶事件 T 的选取:故障树顶事件 T 的选取,一般遵循两条原则。第一条,T 的发生必须有明确定义,而且为了能够定量评定其发生的概率,事件 T 应该是能够计算的;第二条,事件 T 必须能够进行分解,也就是可以找出令 T 发生的直接原因。

1) 故障树的建立:建好故障树的先决条件是必须对系统有透彻的了解。为此,工程设计人员,现场人员,可靠性分析人员要密切合作,找出所有造成 T 发生的各种直接原因,然后采用逻辑关系图表达成树。在评定故障树之前，需要将其以代数形式描述出来，通常采用的方法是最小割和最小路。

2）最小割：假设 C 是故障树部分基本失效事件组成的一个集合，如果 C 中每个事件都发生（失效），则引起故障树顶事件 T 发生，则 C 是该故障树的一个割，若去掉 C 中任意一个基本失效事件后就不是割，则称 C 为该故障树的最小割，一个最小割代表顶事件发生的一种可能。把最小割 C 中基本失效事件的下标集用 D 表示，则 D 是 C 的最小割集，C 可以表示为

$$C = \bigcap_{i \in D} x_i$$

式中　x_i $(i=1,\cdots,n)$——故障树的基本失效事件。

3）最小路：假设 A 是故障树一些基本失效事件组成的一个集合，如果 A 中每个事件都不发生（即正常），则该故障树顶事件 T 也不发生，此时称 A 是故障树的一条路，若去掉 A 中任意一个事件后就不是路，则称 A 为最小路。

同样，故障树也可由最小路表示。

4）故障树评定：得到不交化的最小割集后，即可对故障树进行定性分析和定量分析。定性分析的主要目的是：寻找导致系统故障事件发生的原因和原因的组合，也就是导致故障树顶事件发生的所有故障模式。定量分析的主要目的是：

根据所有底事件发生的概率，求出故障树顶事件发生的概率以及其他定量可靠性指标。

（2）动态故障树

传统的故障树分析能处理的逻辑门有限，只能处理"与门"、"或门"等静态逻辑门，因而也被称做静态故障树。

近年来计算机和网络技术飞速发展，此类系统具备容错性、顺序相关以及冗余（冷备、热备）等特点，在静态故障树的研究基础上，产生并发展了动态故障树分析理论，提出了新的逻辑门如冷备件门、热备件门、温备件门、优先与门和顺序相关门等，能有效地对动态系统进行可靠性分析。下面介绍几种常见动态逻辑门：

1) 冷备件门 (CSP)

冷备件门如图 1.1-4 所示，它包含一个或以上的输入，第一个输入从开始就工作，其他输入开始不工作，作为备用元件，当所有输入事件发生，冷备件门的输出发生。

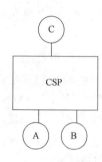

图 1.1-4 冷备件门 (CSP)

2) 热备件门 (HSP)

与冷备件门不同，所有输入开始都在工作，备件在工作与不工作状态的故障率不同（冷备件故障率为 0）。当所有输入事件发生时，热备件门的输出产生。热备件门和普通的动态与门有着相同的特性。热备件门如图 1.1-5 所示。

3) 温备件门 (WSP)

温备件在备用状态和工作状态的故障率不同，且不等于 0。当温备件门的所有输入发生时，输出产生。温备件门如图 1.1-6 所示。

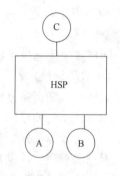

图 1.1-5 热备件门 (HSP)

4) 优先与门 (PAND)

当系统故障与输入事件的发生的先后顺序有关，可以用优先与门表示。当 A 先发生 B 再发生时，故障产生，当 B 先发生 A 再发生时，系统正常。优先与门如图 1.1-7 所示。

5) 顺序相关门 (SEQ)

顺序相关门如图 1.1-8 所示。底事件必须按照顺序相关门输入从左到右发生，即按照 A 先发生，B 再发生，最后 C 发生，输出事件 T 才会发生，顺序相关门是优先与门的更一般形式。

3. 蒙特·卡罗法 (MCM)

蒙特·卡罗方法（Monte Carlo Method），也称统计模拟方法，是在 20 世纪 40 年代中期伴随着科学技术的进步和计算机的应用,提出来的一种基于概率统计理论的一类非常重要的数值计算方法。其通过使用随机数据来解决很多计算中遇到的问题。其基本思想是:当求解的问题是计算某种随机事件发生的概率,或者是计算某个随机变量的期望值时,可以通过某种"实验"的方法,按照这种事件发生的频率来估算这一随机事件出现的概率,将其作为问题的解。蒙特·卡罗方法广泛应用在宏观经济学、金融工程学和计算物理学等领域。

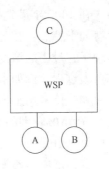

图 1.1-6 温备件门(CSP)

4. 贝叶斯网络

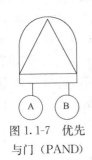

图 1.1-7 优先与门(PAND)

贝叶斯网络(Bayesian network)又被称为信度网络,是对 Bayes 方法的扩展,属于一种概率网络,是目前不确定知识表达和推理领域中最为有效的理论模型之一。Pearl 在 1988 年提出后,该方法已经成为近几年来国内外学者研究的热点。它是一种通过概率来推理的图形化网络,其推理的基础是贝叶斯公式。贝叶斯网络经由概率的推理来得到数学模型,所谓概率的推理就是对于一些不确定或者不完整的问题,通过一些变量的信息来获取其他概率信息的过程,它在解决由复杂设备的不确定性和关联性引起的故障中有很大的优势,目前已经在多个领域中得到广泛应用。

5. 马尔科夫过程

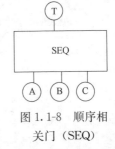

图 1.1-8 顺序相关门(SEQ)

马尔可夫过程是利用空间矩阵的方法对可修复的系统中各个状态的转移进行描述的一个随机过程,在系统的可用性分析中运用较多。它是由俄国的数学家 A. A. 马尔可夫在1907年最先提出了其原始模型——马尔可夫链。其过程具有如下特点：在已知当前状态的条件下，它将来如何演变不会依赖于它过去的演变。在现实生活中，有很多过程都可归结为马尔可夫过程，例如水中微粒所作的布朗运动、到电影院看电影的人数和受传染病感染的人数等，都可用马尔可夫过程来处理。

1.1.4 RAMS管理的必要性

城市轨道交通作为城市交通的纽带，解决城市大部分人出行问题，乘客密集，若发生危害事故，将危害社会安全，影响恶劣，故安全性要求高；其还作为民生工程，建设投资大，动则上百亿，运营成本高，耗资大，故经济性要求高。RAMS管理基于安全与经济两点，努力寻找平衡点，避免顾此失彼。经大量的实际例子得出如图1.1-9所示的系统全寿命周期内总的费用经济与可靠度安全的关系。总费用由产品购置费和运营费用两部分组成。可靠性、维修性、安全性越高，产品购置费越高，但是保证了今后运营中较低的故障率和维修成本，使运营费用降低，故根据实际情况选取合适的可靠度，可以有效降低寿命周期费用。所以说，在轨道交通建设中进行RAMS管理工作很有必要。

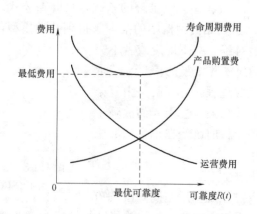

图1.1-9 寿命周期内费用与可靠度的关系曲线

1.2 RAMS在地铁车辆中的运用

1.2.1 国内外研究现状

1. 国内研究现状

地铁提速的同时，对轨道交通系统可靠性、安全性的要求也就越来越高；同时，由于国际贸易项目的增多，均要求企业开展相应的工作来提高产品的可靠性。结合安全性、可用性和维修性，专门研究轨道交通系统 RAMS 管理的学科就是我们所熟悉的轨道交通 RAMS 管理。

我国铁路经过从 1997 年以来的六次大提速，极大地提升了铁路运输能力。各大城市对于城轨、地铁系统的建设投入也在逐年激增。在新近发布的国家"十二五"规划中明确提出要发展现代产业体系，提高产业核心竞争力。而轨道交通行业是国家重点发展的高端装备制造业之一，是加强综合运输体系建设的主要发展方向之一。从引进时速 200km 高速列车技术，到自主开发时速 350km、380km"和谐号"动车组；从京津城际铁路、武广高铁到京沪高铁的开通运营，中国迅速跨入引领世界的高铁时代。

我国铁道部门多年来在提高城市轨道交通车辆可靠性方面做了不少工作，取得了明显的成效。城市轨道交通的安全性与可靠性要远高于其他交通方式。城市轨道交通车辆企业推行了全面质量管理，加强了质量意识，产品质量逐年改善。运用单位在城市轨道交通车辆运用维修工作中积累了大量经验，运用维修质量和效率不断提高。铁道科学研究院对城市轨道交通车辆可靠性工程的研究也取得初步成果，1992 年开始进行了"可靠性工程理论在城市轨道交通车辆中的应用"课题的研究，取得了实用的结果；一些高校和科研单位开设了有关可靠性工程的课程和培训班。2006 年 6 月发布了铁道行业标准《铁道机车车辆电子产品的可靠性、可用性、可维修性和安全》TB/T 3133—2006。但与国外相比，在 RAMS 领域内还存在较大的差距，处于起步阶段，缺乏全面、系统的可靠性工程方面规划、研究和分析。

近年来，我国进入了轨道交通建设的高速增长期，目前国内将有40多座城市在建或正在筹建地铁、轻轨等城市轨道交通项目，建设总里程达近2000km。为有效地保证地铁建设、运营的安全，促进城市轨道交通健康发展，我国部分城市现也逐渐把RAMS管理引进轨道交通建设中，并在不同领域、不同程度上尝试运用了RAMS管理技术。

香港地铁早在20世纪90年代即推行RAMS管理，应用结构性的方法来管理地铁系统的运作变化，强调在设计初期就考虑运营要求，确保运营要求和人性因素得到充分关注，将特定的RAMS要求，以及需要由设计顾问/承包商执行的RAMS任务放入相关的合同文本中，并通过管理合同的履行，保证系统的RAMS要求得到适当的关注。

目前，我国城市轨道交通的发展和管理与国际水平仍有差距，就城市轨道交通车辆而言，还没有形成完整的产业链和合理的产业结构，城市轨道交通车辆仍然受制于国际制造厂商。RAMS控制和指标还仅限于车辆电子产品，对于整车而言还没有提出合理的RAMS指标，在项目各阶段，如风险分析、系统要求、设计和实施、制造、安装、调试验收、运行和维护等阶段，如何控制RAMS还处于摸索阶段。

2. 国外研究现状

目前，世界各国对地铁列车相关领域的可靠性分析研究以及创新探索主要集中在：地铁列车可靠性测试、车辆维修与故障风险评价、车站自动门安全、车辆自动驾驶的事故预防等安全措施方面及列车关键设备的研究。如英国的地铁几乎全部采用先进科学的ESM（Emerprise Security Management）安全管理体系，日本在建设地铁列车线时配备了较完善的全方位安全监控与紧急应急体系，新加坡在地下轨道交通新线建设与列车车辆及其零部件设施采购时，则要求必须全面进行系统可靠性验证。

美国各大铁路公司广泛开展了RAMS的研究，例如美国联合太平铁路公司（UP）建立了完善的可靠性信息系统，利用可靠性工程理论对数据进行处理分析，从而使机车及其零部件的可靠性评价由定性分析提高到定量分析的阶段，并制订出可靠性定量指标，通过全公司各个环节的努力来实现这个目标。北美铁路协会（AAR）研究试验部近年来一直从事机车可靠性问题的研究。根据运营资料和铁路公司经验，影响美国机车可靠性的首要原因是牵引电动机故障，因此AAR通过数据分析和测试结果淘汰了一批检修工厂，并对其余检修工厂实行严格质量控制，同时开发和制定了牵引电动机的可靠性试验程序，并且建立了一个机车牵引电动机可靠性数据库，用以查明故障原因，分析可靠性问题，比较各种技术维修程序和操作过程对可靠性的影响。

日本地铁利用城市轨道交通车辆监测系统和信息系统对发生的各种故障形式随走行公里或运行时间的变化进行分析，分析结果可供可靠性设计时参考；用故障树（FTA）和故障模式及影响分析（FMEA）对城市轨道交通车辆故障及其影响进行了分析。找出系统薄弱环节，改进设计来提高城市轨道交通车辆及其主要零件的RAMS水平。

欧洲各国轨道交通运营商和供货商广泛采用了欧洲标准《铁路应用—可靠性、可用性、可维修性和安全性技术条件和验证（RAMS）》EN 50126，该标准详述了RAMS系统的要求，在系统整个寿命周期进行RAMS管理，应针对每个阶段给出需要完成的RAMS任务，同时给出相关的具体文档和要求。例如，阐明其寿命周期内，包括组织能力、设计管理、技术要求、供方管理、数据分析、系统验证等阶段对RAMS的管理和须执行的任务。目前该标准已上升为IEC 62278-2002。法国ALSTOM公司作为全球三大城市轨道交通车辆设计生产厂商，对RAMS进行全方位管理，建立了强大的RAM数据库，在设计之初便将可靠性数据进行分解，加强分包采购部件的可靠性要求，对列车上主要部件进行全面的RAMS管理，并且将从用户现场得到列车应用的反馈意见在设计过程中给予重视和整改，使其产品达到了国际领先的 RAMS 水平。

1.2.2 轨道车辆 RAMS 管理

1. 管理模式

城市轨道交通车辆 RAMS 与整个城市轨道交通系统密切相关。由于城市轨道交通运输是通过城市轨道交通车辆在钢轨上行驶来实现的，城市轨道交通车辆的故障会造成线路阻塞，给整个运营带来巨大损失，因此应对城市轨道交通车辆 RAMS 提出严格要求。

城市轨道交通车辆涉及的专业范围广泛，是一个非常复杂的机电一体化系统。除了复杂的机械部件外，还有动力系统、电气系统、电子控制系统、液压系统等，集机电于一体。因此，给 RAMS 研究带来复杂性。

城市轨道交通车辆不同零件的故障概率分布形式不相同，不像电子产品，其故障概率主要服从指数分布，可靠性计算分析比较简便，城市轨道交通车辆零部件中的故障概率有的服从指数分布，有的服从对数正态分布，有的服从威布尔分布等，这是由于不同零部件的故障由疲劳、腐蚀、磨损、电故障等不同原因而造成的，因而给可靠性分析带来一定的难度。

城市轨道交通车辆工作在外界环境中，工作条件复杂、严酷，除受温度、压力、振动、冲击、潮湿等因素影响外，还有诸如雨水、盐分及辐射等环境的影响。城市轨道交通车辆的 RAMS 试验周期长、抽样少、耗费大。有些产品体积大，要求试验场地大，很难在实验室或厂内进行，试验时又很难模拟环境条件，同时产品造价昂贵，无法大批抽样，因而给 RAMS 研究带来许多困难。

轨道交通行业采用的 RAMS 标准体系如图 1.2-1 所示。

其中，EN50126 是适用于整个地铁系统的 RAMS 标准，起到了对 RAMS 工作进行总体指导的作用；EN50128 用于指导软件的 RAMS 工作，EN50129 用于指导安全工作，EN50159 用于指导通信方面的工作。EN50126（国内等同的标准为 GB/T 21562—2008）中规定了产品的全寿命周期需要实施的

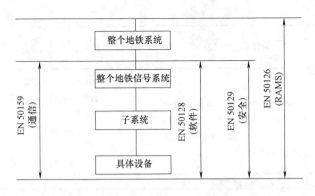

图 1.2-1 RAMS 标准体系图

RAMS 工作,如表 1.2-1 所示。

产品全寿命周期中需要实施的 RAMS 工作　　表 1.2-1

寿命周期阶段	阶段相关的 RAMS 工作	阶段相关的安全性工作
概念	回顾以前达到的 RAMS 性能; 考虑项目的 RAMS 内涵	回顾以前达到的安全性性能; 考虑项目的安全性实施; 回顾安全性政策和安全性目标
系统定义和实施条件	评估以往的 RAMS 经验数据; 实施初步的 RAMS 分析; 设置 RAMS 策略; 确定长期的运行和维修条件; 确定现有基础设施的约束对 RAMS 的影响	评估以往的安全性经验数据; 实施初步危险分析; 建立安全性计划(总体的); 确定风险容忍准则; 确定现有基础设施的约束对安全性的影响
风险分析		实施系统风险和安全性危险分析; 建立危险日志; 实施风险评估
系统需求	详细说明系统的 RAMS 需求; 定义 RAMS 的接收准则; 定义系统的功能结构; 建立 RAMS 程序; 建立 RAMS 管理	详细说明系统的安全性需求(所有的需求); 定义安全性的接收准则(全面的); 定义安全相关的功能需求; 建立安全管理

续表

寿命周期阶段	阶段相关的 RAMS 工作	阶段相关的安全性工作
系统需求分配	分配系统的 RAMS 需求： (1)详细描述子系统和零部件的 RAMS 需求； (2)定义子系统和零部件的 RAMS 接收准则	分配系统的安全性需求： (1)详细描述子系统和零部件的安全性需求； (2)定义子系统和零部件的安全性接收准则 (3)更新系统的安全计划
设计与实施	通过回顾、分析、测试和数据评估来执行 RAMS 程序，包含： (1)可靠性和可用性； (2)维修和维修性； (3)优化管理策略； (4)后勤保障 (5)实施程序控制，包括： 1)RAMS 程序管理； 2)子承包商和供应商管理	通过回顾、分析、测试和数据评估来执行安全性计划，包含： (1)危险日志； (2)危险分析和风险评估； (3)判断安全性相关的设计决策； (4)实施程序控制，包含：安全管理、子承包商和供应商的控制； (5)准备通用的安全案例； (6)准备通用的应用安全案例（如恰当）
生产	实施环境应力筛选； 实施 RAMS 改进测试； 开始 FRACAS	通过回顾、分析、测试和数据评估来执行安全性计划； 使用危险日志
安装	开始维修人员的培训； 建立备件和工具的供应	建立安装程序； 实施安装程序
系统确认（包含安全验收和试车）	实施 RAMS 验证	建立试运行程序； 实施试运行程序； 准备特选的应用安全案例
系统接收	评估 RAMS 的验证	评估特定的应用安全案例
运行与维护	按计划采购备件和工具； 按计划实施可靠性为中心的维修和后勤保障	按计划实施安全性能监测和危险日志维护

续表

寿命周期阶段	阶段相关的 RAMS 工作	阶段相关的安全性工作
性能监测	收集、分析、评估,并且使用性能和 RAMS 的统计数据	收集、分析、评估并且使用性能和安全性的统计数据
修改和更新	针对修改与翻新考虑 RAMS 实施	针对修改与翻新考虑安全性实施
停用及处置	无 RAMS 的相关活动	建立安全性计划; 实施危险分析和风险评估; 实施安全性计划

各阶段的责任如表 1.2-2 所示:

阶段责任表 表 1.2-2

阶段		用户、运营商	审核机构	(主)合同商	子合同商	供应商
1	概念	○				
2	系统定义和实施条件	○				
3	风险分析	○		○		
4	系统需求	○	(○)			
5	系统需求分配	(○)		○		
6	设计与实施			○	(○)	
7	生产			○	○	○
8	安装				(○)	
9	系统确认	○	○	○	(○)	
10	系统接收					
11	运行与维护	○		(○)	(○)	
12	性能监测	○		(○)	(○)	
13	修改和更新	○		○		
14	停用及处置	○		(○)		

表中:○:全部的责任并参与;(○):特定的责任和/或部分参与。

可见,在全寿命周期的 14 个阶段中,除开第 5 阶段由用户、运营商部分参与、第6~8阶段用户或运营商不参与外，其余阶段用户或运营商全权负责。

2. 管理对象

在城市轨道交通建设中，可大致分为土建工程与机电设备系统工程，其都可以引入RAMS管理的理念，但是土建工程使用寿命长、维护量低，而机电设备系统大部分为可修复系统，故障率较高，在日后运营期间为主要维护对象，RAMS有较大的提高空间。所以现阶段大部分RAMS管理工作都是针对机电设备系统展开。

为了提高RAMS管理工作效率，必须梳理各部门单位的工作职责。工作职责应于合同明确，以免日后产生混淆，阻碍工作推进。RAMS工作涉及的部门单位多，一般涉及业主方、承建方、政府相关审批部门，如表1.2-3所示的各方工作职责。而业主方包括建设单位、项目管理单位、项目监理单位、项目顾问公司、运营公司及设计单位等；承建方包括项目总包单位、分包单位、供货商等，具体的工作职责还可以继续细分。业主方建设单位应在RAMS工作起主导作用，承包方是RAMS工作的具体执行者。

RAMS管理各方工作职责　　　　表1.2-3

序号	寿命周期阶段	业主方	承建方	政府部门
1	概念	P D E C		
2	系统定义和应用条件	P D E C		
3	风险分析	P D E C	E C	
4	系统需求	P D E C		C
5	系统需求分配	C	P D E C	
6	设计和实施	C	P D E C	
7	制造	C	P D E C	
8	安装	C	P D E C	
9	系统确认	C	P D E C	C
10	系统验收	P E		D C
11	运营和维修	P D E C	E C	

续表

序号	寿命周期阶段	业主方	承建方	政府部门
12	性能监控	P E		
13	修改和更新	P D E C	E C	
14	停用及处理	P D E C	E C	

3. 管理阶段

目前，国内已制定了在《轨道交通可靠性、可用性、可维修性和安全性规范及事例》GB/T 21562 的标准，其规定了一个以系统寿命周期及其工作为基础、用于管理 RAMS 的流程，为国内轨道交通行业推广 RAMS 管理工作起到了促进作用。轨道交通系统寿命周期可以划分为 14 个阶段，分别为：概念、系统定义和应用条件、风险分析、系统需求、系统需求分配、设计和实施、生产、安装、系统确认（包括安全验收和调试）、系统验收、运营和维修、性能监控、修改和更新、停用及处理。

RAMS 管理各阶段工作　　　　表 1.2-4

寿命周期阶段	阶段总体工作	阶段 RAMS 工作	阶段安全工作
定义	(1)地铁项目的建立范围和目的； (2)地铁项目概念定义； (3)从事财务分析和可行性调查； (4)建立管理	(1)审查以前的 RAMS； (2)执行； (3)考虑项目 RAMS 含义	(1)审查以前达到的安全性能； (2)考虑项目安全含义； (3)考察安全策略和安全目标
系统定义和应用条件	(1)建立系统任务概述； (2)准备系统描述； (3)确定运行和维护策略； (4)确定运行条件； (5)确定维护条件； (6)确定现有设施制约影响	(1)评估过去的 RAMS 数据； (2)进行初步 RAMS 分析； (3)设定 RAMS 策略； (4)确定长期运行 & 维护条件； (5)确定现有设施制约对 RAMS 的影响	(1)评估过去的安全数据； (2)进行初步安全分析； (3)设定安全策略（全部）； (4)定义可容许的风险标准； (5)确定现有设施制约对安全的影响

续表

寿命周期阶段	阶段总体工作	阶段RAMS工作	阶段安全工作
风险分析	进行与项目有关的风险分析		(1)进行与项目有关的危险和安全风险分析; (2)建立危险日志; (3)进行风险评估
系统要求	(1)进行需要分析;确定系统(整体要求); (2)确定环境; (3)确定系统说明及验收标准(整体要求); (4)建立确认计划; (5)建立管理、质量小组织机构要求; (6)实施改变控制过程	(1)确定系统RAMS要求(整体); (2)定义RAMS验收标准(整体); (3)顶替系统功能性结构; (4)建立RAMS程序; (5)建立RAMS管理	(1)确定系统安全要求(整体); (2)定义安全验收标准(整体); (3)定义安全相关的功能性要求; (4)建立安全管理
系统要求分配	(1)分配系统要求; (2)确定子系统&部件要求; (3)定义子系统和部件验收标准	(1)分配系统RAMS要求; (2)确定子系统和部件RAMS要求; (3)定义子系统和部件RAMS验收标准	(1)分配安全目标和要求; (2)确定子系统和部件安全要求; (3)定义子系统和部件安全验收标准; (4)更新系统安全计划
设计和实施	(1)执行计划; (2)执行设计和开发; (3)执行设计分析和试验; (4)执行设计验证; (5)执行和确认; (6)执行后勤支持法设计	(1)通过审查,分析,试验和数据评估。 (2)执行RAMS程序,包括:可靠性和可用性;维护和可维护性;优化维护策略;后勤支持。 (3)进行程序控包括;RAMS程序管理控制分包商和供货商	(1)通过审查,分析,试验和数据评估。 (2)执行安全计划,包括:危险日志;危险分析和风险评估;验证安全相关的设计决定。 (3)进行程序控包括;安全管理;控制分包商和供货商;准备一般安全案例;准备(如合适)一般安全应用案例

续表

寿命周期阶段	阶段总体工作	阶段RAMS工作	阶段安全工作
生产	(1)执行产品计划； (2)制造； (3)制造和部件装配试验； (4)准备文件； (5)培训	(1)环境压力审查； (2)RAMS改善实验； (3)启动故障报告和纠正系统	(1)通过审查,分析,试验和数据评估； (2)执行安全计划； (3)使用危险日志
安装	(1)组装系统； (2)安装系统	(1)开始维护人员培训； (2)建立备件和工具供应	(1)建立安装程序； (2)执行安装程序
系统确认(包括安全验收和调试)	(1)试车； (2)执行运行试用期； (3)培训	RAMS说明	(1)建立试车程序； (2)执行试车程序； (3)准备特定安全应用案例
系统验收	(1)按照验收标准进行验收； (2)收集验收凭证； (3)进入运行； (4)继续运行使用期(若适宜)	评估RAMS说明	评估特定安全应用案例
运行和维护	(1)长期系统运行； (2)进行即时维护； (3)进行即时培训	(1)即时获得备件和工具； (2)进行可靠性维护和后勤支持	(1)着手即时安全性维护； (2)进行即时安全性维护； (3)监控和危险日志维护
性能监控	(1)采集运行性能统计数值； (2)获得,分析并评估数据	采集、分析、评估和使用性能及RAM统计数值	采集、分析、评估和使用性能及安全统计数值

续表

寿命周期阶段	阶段总体工作	阶段RAMS工作	阶段安全工作
修改和更新	(1) 执行变化要求程序； (2) 执行改进和更新程序	考虑改进和更新的RAMS含义	考虑改进和更新的安全性含义
停用及处理	(1) 计划停用和处理； (2) 进行停用； (3) 进行处理	无RAMS活动	(1) 建立安全计划； (2) 进行危险分析和分线评估； (3) 执行安全计划

4. 设计原则

在设计过程中，应充分利用RAMS有关的设计准则，综合考虑与新技术、新工艺以及LCC之间的平衡。

需遵循但不局限于以下设计原则：

(1) 应结合以往运营数据为基础，对可靠性指标和维修性指标进行合理分配。

(2) 提出整体的材料和部件限用要求及选用准则。

(3) 在满足技术性要求的情况下，简化方案及结构设计，减少机械结构零件数量。

(4) 在确定方案前，应对产品将投入使用的环境进行调查，并对其进行分析，确定影响产品可靠性最重要的环境、温度及受力状态等因素，以作为采取防护设计、材料选取等的依据。

(5) 尽量实施系列化设计。在原有的成熟产品基础上逐步扩展，构成系列产品，采用新技术时要考虑继承性。

(6) 尽量不采用不成熟的新技术。如必须使用时，应对其可行性及可靠性进行充分论证，并进行各种严格试验。

(7) 在确定方案时，应根据经济性、可靠性及维修性确定产品的冗余设计，确保产品应用中适当的安全余量。

（8）在结构设计使用公差时，需考虑产品在寿命期内出现的蠕变、刚度等性能变化、老化、磨损等因素的影响，并保证在寿命期内能正常使用。

（9）如果行之有效的普通工艺能够解决的问题，就不必要过于追求新工艺。因为最新的不一定是最好的，并且最新的工艺没有经过时间的检验；应从费用、性能、研制进度等方面权衡选用，只有为了满足特定的要求时才宜采用。

（10）应对产品进行 FMEA 分析，寻找薄弱环节，采取有效的纠正措施。

在产品研制的早期阶段应进行可靠性研制试验。在设计定型后大批投产前应进行可靠性增长试验，以提高设备的固有可靠性和任务可靠性。

（11）在设计时，对关键元器件、机械零件已知的缺点应给予补偿和采取特殊措施。

（12）对产品中失效率较高及重要的部件要采取特别降额措施。

（13）电磁兼容设计的规定。

（14）热设计的规定。

（15）故障报警、自动检测设计的规定。

（16）缓冲减振设计的规定。

（17）模块化设计。

（18）用任意选择的零部件仍能正常工作，应考虑子结构的互换性。

1.2.3 轨道车辆 RAMS 管理的具体应用

以某轨道交通 RAMS 管理实际应用为例，依照 RAMS 管理具体要求并结合其《电动客车采购合同技术规格书》对整车可靠性的规定，为评估列车可靠性水平，进行了列车各系统组成的拆分工作。该系统拆分工作是逐级分解列车各系统不同层级的零部件，理清车辆内部联系，明确车辆总体 RAMS 指标，落实轨道车辆 RAMS 管理应用，为地铁车辆检修方式的制定和备品、备件申报提供重要参考。

系统拆分，依次进行系统→子系统→组件→零部件的拆分工作。（1）系统为列车系统分类，如供风及制动系统、车门系统、转向架系统等；（2）子系统为各系统下的分类，如车门系统下的门扇、承载驱动机构等；（3）组件为各子系统的分支，如门扇子系统的门锁、门页分支；（4）零部件为组件分支，如门锁分支锁舌、压簧、平垫圈等。

轨道车辆 RAMS 管理的具体应用情况将在本书后面章节中着重介绍，即：①地铁电客车系统组成及研究；②典型故障分析。

2 地铁电客车系统组成及研究

2.1 地铁电客车机械系统组成

2.1.1 车体

1. 系统简介

地铁车辆车体具有以下特征：（1）方便旅客快速上下车，要求车门多且开度大；（2）车体重量限制较为严格，要求采用轻量化车体；（3）对车体的防火要求严格，在车体结构和选材上要求采用防火设计和阻燃处理；（4）对车辆的隔声和减噪有严格要求；（5）同时对车辆的外观造型和色彩都有美化要求和与城市景观相协调的要求。

车体主要作用是承受垂直、纵向、扭转等载荷，传递牵引、制动力，并具有隔音、减振、保暖等功能。此外，车体还用于固定空气压力管、线缆及列车设备。

2. 车体分类

按车体材料分类，地铁车体可分为碳钢车体、铝合金车体和不锈钢车体3种。其中，铝合金车体和不锈钢车体都属于轻量化车体，碳钢车体相比较铝合金车体及不锈钢车体，在材料费用及生产加工费用上有其独特的优势，但随着车体轻量化及节能减排等理念不断深入人心，碳钢车体在地铁车辆中的应用大幅度降低，并逐渐被铝合金车体和不锈钢车体所取代，图2.1-1为北京13号线碳钢车体。

铝合金车体与不锈钢车体在安全性能方面的比较是不锈钢车体占优的。这是因为不锈钢的熔点为1500℃，铝合金的熔点是

图 2.1-1　北京 13 号线碳钢（耐候钢）车体

660℃，铝合金的耐热性仅是不锈钢的 44%。在发生严重火灾情况下，铝合金车体将会很快熔化掉，带来可怕的灾难性后果。相比较而言，不锈钢车体骨架难以熔化。因此不锈钢车体占优，图 2.1-2 是采用不锈钢车体的北京昌平线地铁车辆。

图 2.1-2　采用不锈钢车体的北京昌平线地铁车辆

在轻量化的比较上，在保证地铁车辆强度和刚度的前提下，根据国内外地铁车辆车体采用不锈钢和铝合金的实践经验，地铁车辆耐候钢车体自重约 9~10t，不锈钢车体自重约 6~7t，铝合金车体自重约 4~5t。如果以耐候车体自重为基准，则不锈钢车体可减轻自重 30% 左右，铝合金车体可减轻自重 50% 左右。因此，铝合金车体轻量化效果比不锈钢车体更明显些，如图 2.1-3 是使用铝合金车体的武汉 B 车型。

图 2.1-3　使用铝合金车体的武汉 B 型车

在耐腐蚀性的比较上，不锈钢和铝合金车体都具有较好的耐腐蚀性，但不锈钢车体比铝合金车体更优越。由于不锈钢含铬大于 12%，使铁的电极电位提升，原电池腐蚀不易发生，这就显著提高了不锈钢车体的耐腐蚀性。铝合金车体的耐腐蚀性是由于在空气中铝合金表面形成一层致密的三氧化二铝保护膜而具有很好的防腐蚀能力。但铝合金车体在长期使用中，特别是在潮湿的环境下，遇到空气介质中的阴离子会产生局部原电池，发生点蚀、面蚀和变色，影响车体强度和美观。所以大部分铝合金车体都要涂漆。因此，不锈钢车体的耐腐蚀性比铝合金车体要好些。

总而言之，不锈钢车体与铝合金车体各有优势。

3. 车体拆分

下面国内某型地铁 B 型车为例来分析车体结构。车体分为 Tc、Mp、M 车三种形式，均采用铝合金整体承载全焊接结构。

T代表拖车（Trailer），是指没有自身动力的车。c代表司机室（Cab），带司机室的拖车英文缩写为Tc。M代表动车（Motor），是指有动力的车。受电弓（Pantograph）用字母p表示，带受电弓的动车就用英文缩写为Mp。

车体结构的主要材料为大型铝合金中空挤压型材，挤压型材的材料为6000系铝合金，其强度数据满足欧洲标准EN 755-2。车体结构部件的挤压型材大多采用6005A铝合金（AlMgSi0.7），在需加强的部位采用6082铝合金（AlMgSi1）。该车体结构使用寿命为30年，即在30年内，车辆正常使用，车体结构不会发生永久性变形、破坏或疲劳性损坏。

车体强度应满足在极端条件下承受的动载荷、静载荷以及冲击载荷要求，且在各种条件下的架车、起吊、救援、调车、联挂、多车编组回送作业的各种力的作用下，车体应力不超过设计许用应力值。车体在承受各种最大垂直载荷的同时，沿车钩安装纵向水平方向施加的静压载荷1000kN，拉伸载荷800kN，车体应力不超过设计许用应力。

Tc车由底架1、侧墙2、顶盖3、端墙4和司机室5结构组成，如图2.1-4、表2.1-1所示。Mp车和M车无司机室5结

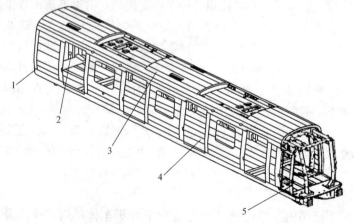

图2.1-4　Tc车车体结构组成

构,两端都设置了端墙2。Mp车由顶盖、侧墙、端墙、底架等部件组成,其中顶盖包括受电弓安装平台,如图2.1-5所示。M车由顶盖、侧墙、端墙、底架等部件组成,如图2.1-6所示,图2.1-7、图2.1-8为车体各部件示意图。

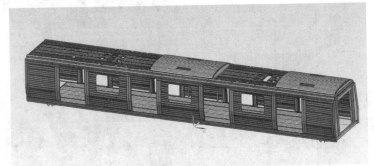

图2.1-5 Mp车体结构组成

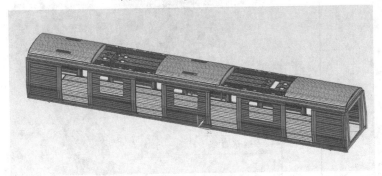

图2.1-6 M车体结构组成

图2.1-4 部件名称　　　　　　　　　　　表2.1-1

一级部件	序号	二级部件	数量	备注
车体系统	1	底架	1	大型中空挤压铝型材
	2	侧墙	1	大型中空挤压铝型材
	3	顶盖	1	大型中空挤压铝型材
	4	端墙	1	大型中空挤压铝型材
	5	司机室	1	仅Tc车一位端

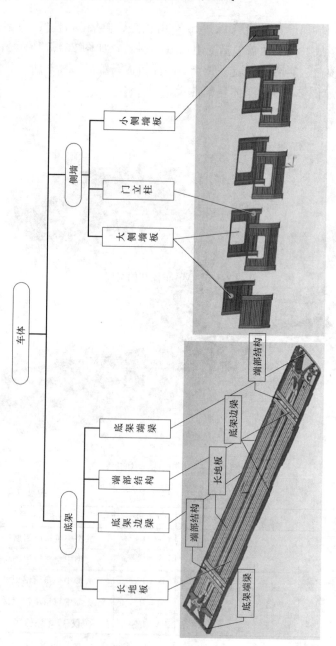

图 2.1-7 车体各部件示意图（一）

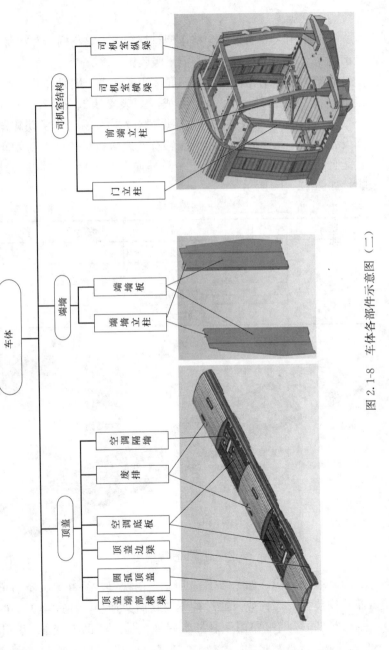

图 2.1-8 车体各部件示意图（二）

2 地铁电客车系统组成及研究 | 37

(1) 底架

底架采用大断面铝合金挤压型材焊接无中梁结构，并在司机室前端所对应的位置设有撞击能量吸收区。

底架由端部结构、长地板、底架边梁、底架端梁等部件由焊接机器人在特殊工装上焊接而成，如表 2.1-2、图 2.1-9、图 2.1-10 所示。Tc 车底架的一位端设置有左右对称分布的防爬器，该设备在列车意外撞车过程中能够有效地防止车辆的相对攀爬，并能吸收一部分撞击能量，减少意外撞车对车辆客室区域的影响，如图 2.1-11 所示。

底架部件　　　　　　　表 2.1-2

二级部件	序号	三级部件	数量	备注
底架	1	长地板	1	
	2	底架边梁	2	
	3	端部结构	2	
	4	底架端梁	2	

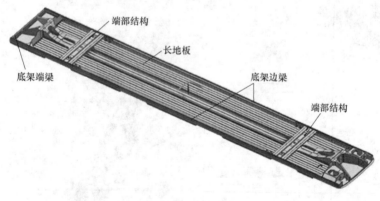

图 2.1-9　Tc 车底架

1) 端部结构，如图 2.1-12 所示，由枕梁、缓冲梁、牵引梁（车钩安装板）等构成。通过枕梁与转向架连接，在底架下部两个枕梁之间区域主要用于悬挂牵引逆变器、辅助逆变器、高压

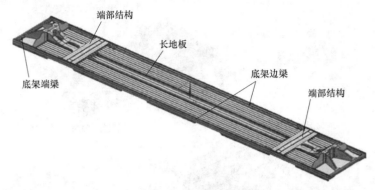

图 2.1-10　M/Mp 车底架

箱、制动控制模块、蓄电池等部件，牵引梁则用于安装车钩。

2）长地板由底架边梁延伸在枕梁间六块挤压型材构成。长地板型材设有 C 型槽，主要供安装车下线槽使用。

3）底架边梁是底架最重要的承力部件，主要作

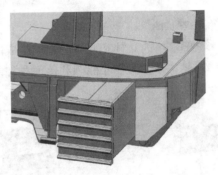

图 2.1-11　一位端端部结构

用有：作为底架结构中的主要承力部件和连接构件，端部结构中的枕梁及端梁都与边梁焊接，地板也与边梁焊接；作为侧墙结构中的主要承力部件和安装基础，侧墙的立柱、侧墙板分别焊接在边梁上。底架边梁还用于悬挂设备，固定在边梁上的部件主要采用了螺母、螺栓连接形式紧固，易于更换。

（2）侧墙

侧墙由中间的 6 个大侧墙单元和位于两端的 4 个小侧墙单元组成，而侧墙单元由门立柱及中间侧墙板型材焊接而成；中间大侧墙单元上开有 6 个窗孔。按照部件拆分侧墙，侧墙主要由大断面挤压铝型材的侧墙板（大侧墙和小侧墙）和门立柱焊接而成，

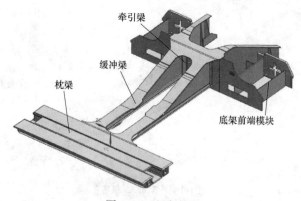

图 2.1-12 防爬器

如图 2.1-13、表 2.1-3 所示。

侧墙中的立柱和底架的边梁组成的框架必须与侧墙板很好地焊接成一个整体,才能顺利传递各种载荷。

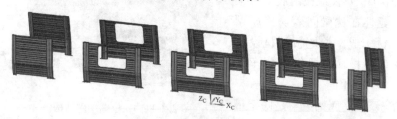

图 2.1-13 侧墙部件

侧墙部件 表 2.1-3

二级部件	序号	三级部件	数量	备注
侧墙	1	大侧墙板	6	大断面挤压铝型材
	2	小侧墙版	4	大断面挤压铝型材
	3	门立柱	18	

(3) 顶盖

顶盖由顶盖边梁、顶盖端部横梁、圆弧顶盖、空调底板、空调隔墙、废排等组成,主要通过焊接机器人焊接而成的。如图 2.1-14、表 2.1-4 所示。顶盖预留了空调安装槽,安装槽由铝型材焊接而成。顶盖设置有排水槽可以充分的排水，防止积水。

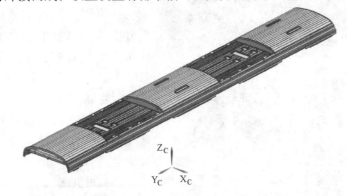

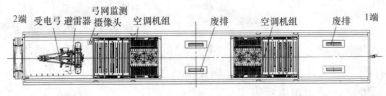

图 2.1-14　Tc 车顶盖

空调布置在车顶的 1/4 及 3/4 处，空调平台四角设有排水口；车体顶盖除了安装空调外，内部还用于安装风道、顶棚以及悬挂电气线缆；顶盖边梁上设计有通长的雨檐，雨水从车辆两端排出。Mp 车顶盖还安装有受电弓安装板。

顶盖部件　　　　　　表 2.1-4

二级部件	序号	三级部件	数量	备注
顶盖	1	顶盖边梁	2	
	2	顶盖端部横梁	2	
	3	圆弧顶盖	3	Mp 车 2 个
	4	空调底板	2	
	5	空调隔墙	4	
	6	废排	4	
	7	受电弓安装板	1	仅 Mp 车

(4）端墙

非司机室端的端墙由大型铝挤压型材的端墙立柱和端墙板焊接而成,如图 2.1-15、表 2.1-5 所示。设计时考虑了便于贯通道的安装。贯通道通过铆螺母或钢螺套用螺栓固定在端墙上。

(5）司机室

司机室主要由门立柱、前端立柱、司机室横梁、司机室纵梁等部件组成,如图 2.1-16、表 2.1-6。为满足工业设计需要,车体前端结构设计满足准流线型头罩安装；采用全宽型司机室,增加司机视野。

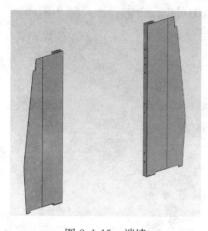

图 2.1-15 端墙

端墙部件 表 2.1-5

二级部件	序号	三级部件	数量	备注
端墙	1	端墙立柱	2	大型铝挤压型材
	2	端墙板	2	

司机室部件 表 2.1-6

二级部件	序号	三级部件	数量	备注
司机室	1	门立柱	2	
	2	前端立柱	2	
	3	司机室横梁	1	
	4	司机室纵梁	4	

2.1.2 转向架系统

1. 系统简介

转向架构成车辆的走行部分,是列车运动当中传递和承受支

图 2.1-16 司机室

撑力的关键部件。其主要功能为：支撑车体重量、传递牵引力和制动力、使车辆顺利通过曲线、缓和振动和冲击以及提高乘坐舒适性。转向架的各种参数直接决定了车辆的稳定性和车辆的乘坐舒适性。从新中国成立初期到现在，我国的客车转向架逐渐由落后走向先进，特别是近年来，国内的转向架设计制造技术已进入世界顶尖水平，诸多主机厂已能独立自主研发不同类型的转向架并在国内、外多个项目有成熟的使用经验，随着新转向架的装车使用和各种先进技术的运用，城市轨道列车的乘坐环境变得越来越好。

转向架由动车轮对轴箱组装、构架、一系悬挂装置、二系悬挂装置、二系垂向减振器安装、横向悬挂装置、牵引装置、基础制动单元安装、起吊装置、抗侧滚装置、高度调节装置等组成。其中动车转向架配带有驱动单元（电动机、齿轮箱、联轴节），拖车转向架无驱动单元。

2. 转向架分类

目前国内的城市轨道列车转向架按应用车型不同，主要可以分为 A 型、B 型、L 型及低地板车型等。

A 型车为高运量地铁，主要应用在人口数量大、经济发达的一线大城市，如北京地铁 14、16 号线、上海地铁 1、2、3、4 号线、广州地铁 1、2 号线及深圳地铁 1、2、5、7、9、11 号线等。其中转向架最大轴重 16t，固定轴距 2500mm，新轮直径 840mm、磨耗轮 770mm。

B 型车为大运量地铁，主要应用在人口数量较大、经济较好的二、三线城市，如武汉地铁 1、2 号线、天津地铁 1、2 号线、宁波地铁 1、2 号线及郑州地铁 1、2 号线等。其中转向架最大轴重 14t，固定轴距 2300mm，新轮直径 840mm、磨耗轮 770mm。

L 型车主要用于坡度大、曲线半径小的运行线路，如广州地铁的 4、5、6 号线、北京机场线等。其中转向架最大轴重 13t，固定轴距 2000mm，新轮直径 730mm、磨耗轮 650mm。

低地板车为低运量轻轨，运行线路为地面，目前国内正在启动的有轨电车项目中，几乎全为 100% 低地板轻轨车辆，转向架主要形式有独立轮转向架和通轴转向架两种，如深圳有轨电车、苏州有轨电车、南京有轨电车。独立轮转向架最大轴重 10.5t，固定轴距 1800mm，新轮直径 600mm、磨耗轮 520mm。

此外按照设计的运行最高速度不同，目前国内转向架的最高运行速度主要有 80km/h、90km/h、100km/h、120km/h，转向架的设计制造区别主要在构架的强度与及各悬挂部件的性能参数方面。其中市场占有率最高的为 80km/h，达 90% 以上。

3. 转向架拆分

地铁车辆上通常同时装备有拖车转向架和动车转向架。拖车转向架由拖车轮对轴箱组装 1、构架 2、一系悬挂装置 3、二系悬挂装置 4、二系垂向减振器安装 5、横向悬挂装置 6、牵引装置 7、基础制动单元安装 8、整体起吊装置 9、抗侧滚装置 10、高度调节装置 11、STF 天线安装 12、拖车转向架空气管路 13、拖车转向架布线 14、轮缘润滑装置 15 及拖车转向架设备标识 16 等组成，如图 2.1-17、表 2.1-7。

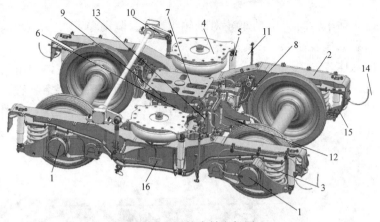

图 2.1-17　拖车转向架图

表 2.1-7　图 2.1-17 中部件名称

一级部件	序号	二级部件	数量	备注
拖车转向架系统	1	拖车轮对轴箱组装	4	
	2	构架	1	
	3	一系悬挂装置	1	
	4	二系悬挂装置	1	
	5	二系垂向减振器安装	1	
	6	横向悬挂装置	1	
	7	牵引装置	1	
	8	基础制动单元安装	4	
	9	整体起吊装置	1	
	10	抗侧滚装置	1	
	11	高度调节装置	1	
	12	ATC 天线安装	1	
	13	空气管路	1	
	14	拖车转向架布线	1	
	15	轮缘润滑装置	1	
	16	拖车转向架设备标识	1	

动车转向架由动车轮对轴箱组装 1、驱动单元 2、构架 3、一系悬挂装置 4、二系悬挂装置 5、二系垂向减振器安装 6、横向悬挂装置 7、牵引装置 8、基础制动单元安装 9、整体起吊装置 10、抗侧滚装置 11、高度调节装置 12、动车转向架空气管路 13、动车转向架布线 14 及动车转向架设备标识 15 等组成，如图 2.1-18、表 2.1-8。

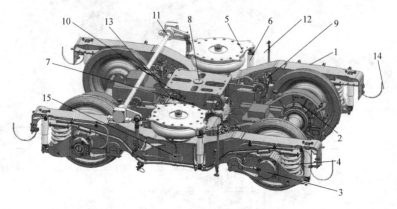

图 2.1-18 动车转向架图

图 2.1-18 部件名称　　　　表 2.1-8

一级部件	序号	二级部件	数量	备注
动车转向架系统	1	构架	1	
	2	驱动单元	1	
	3	动车轮对轴箱组	4	
	4	一系悬挂装置	1	
	5	二系悬挂装置	1	
	6	二系垂向减振器安装	1	
	7	横向悬挂装置	1	
	8	牵引装置	1	
	9	基础制动单元安	4	
	10	整体起吊装置	1	

续表

一级部件	序号	二级部件	数量	备注
动车转向架系统	11	抗侧滚装置	1	
	12	高度调节装置	1	
	13	空气管路	1	
	14	动车转向架布线	1	
	15	动车转向架设备标识	1	

如图 2.1-19～图 2.1-23，以主要以动车转向架为例，进行转向架的拆分，介绍转向架的通用部分。仅拖车有的部件作为补充介绍。

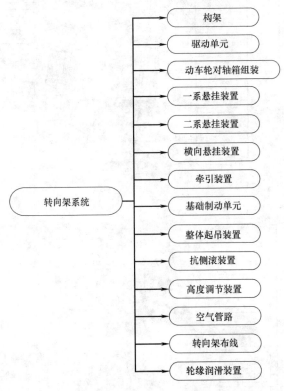

图 2.1-19 转向架系统

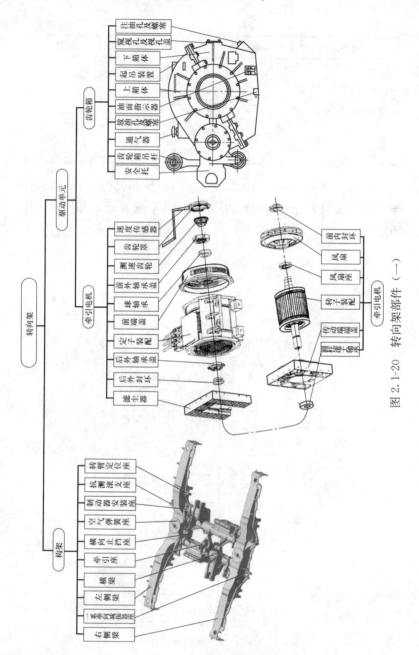

图 2.1-20 转向架部件（一）

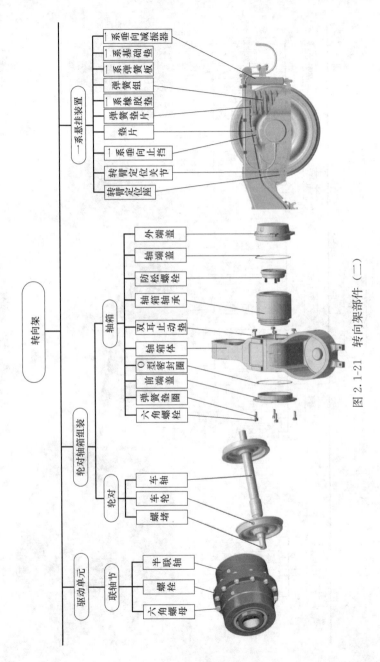

图 2.1-21 转向架部件(二)

2 地铁电客车系统组成及研究 | 49

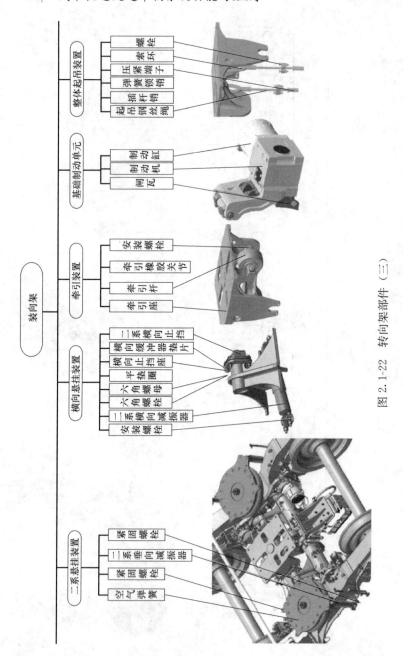

图2.1-22 转向架部件（三）

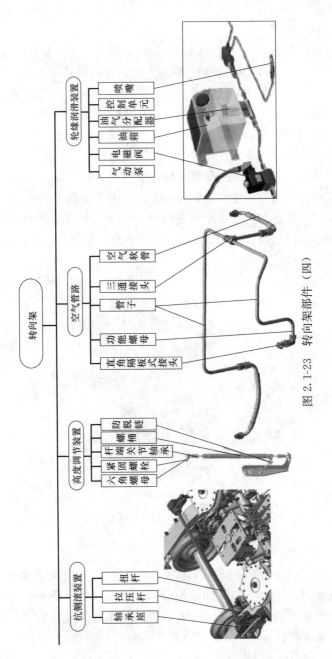

图 2.1-23 转向架部件（四）

(1) 构架

转向架构架为全焊接结构,是转向架的骨架,既是承载体和传力体,又是转向架上其他零部件的安装吊挂基体。其功能有:转向架部件及相关系统安装基础;悬挂齿轮箱;悬挂电动机;安装制动系统;传递牵引力、制动力;承载车体重量等。

转向架构架是由:右侧梁1和左侧梁2以及连接的横梁3焊接而成。右侧1梁和左侧梁2为封闭箱形结构,其内部由筋板支撑,从而达到最佳强度—重量比。空气弹簧座9安装在右侧梁1和左侧2梁的中心位置,如图2.1-24、表2.1-9。

构架上还有其他支座和安装座,主要用于安装踏面制动器、牵引电动机、减振器、抗侧滚扭力杆、空气弹簧高度阀控制杆以及其他部件。

转向架构架按其功能的不同,分为动车转向架构架和拖车转向架构架。下面将介绍动车转向架。

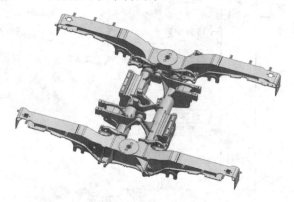

图2.1-24 构架示意图

(2) 驱动单元

每个动车转向架安装两套驱动单元,每个驱动单元主要由牵引电动机、齿轮箱和联轴器组成,如图2.1-25。作用是将电能变成机械能的转换装置,将电动机的输出转矩和运动通过联轴器、齿轮箱传递给车轴,实现列车的牵引与制动。

构架部件　　　　　　表 2.1-9

二级部件	序号	三级部件	数量	备注
构架	1	右侧梁	1	
	2	左侧梁	1	
	3	横梁	1	
	4	转臂定位座	4	M8
	5	抗测滚支座	2	
	6	二系垂向减振器座	2	
	7	制动器安装座	4	
	8	牵引座	1	
	9	空气弹簧座	2	
	10	横向止挡座	2	

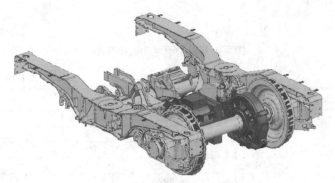

图 2.1-25　驱动单元示意图

牵引电动机刚性地悬挂在转向架构架上，齿轮箱一端抱轴安装在车轴上，另一端通过齿轮箱吊杆吊挂在构架上，如图 2.1-26、表 2.1-10。牵引电动机和齿轮箱在转向架上安装后，通过联轴器进行连接，形成一个完整的驱动单元。

牵引电动机为 4 极自通风三相鼠笼式异步牵引电动机，采用架承式悬挂（全悬挂）安装在转向架上，通过联轴器进行传动，由 VVVF 牵引逆变器进行供电。牵引电动机由定子、转子、传动端端盖、轴承、总装零件、测速装置等几大部件组成。

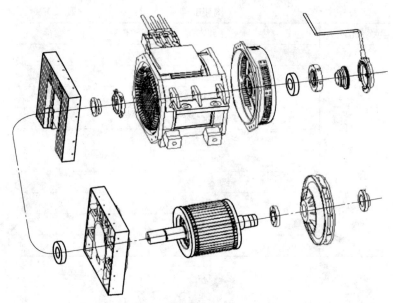

图 2.1-26 牵引电动机示意图

牵引电动机部件 表 2.1-10

二级部件	序号	三级部件	数量	备注
牵引电动机	1	滤尘器	1	
	2	后外封环	1	
	3	后外轴承盖	1	
	4	定子装配	1	
	5	前端盖	1	
	6	球轴承	1	
	7	前外轴承盖	1	
	8	测速齿轮	1	
	9	齿轮罩	1	
	10	速度传感器	1	
	11	前内封环	1	
	12	风扇	1	
	13	风扇座	1	
	14	转子装配	1	
	15	传动端端盖	1	
	16	圆柱滚子轴承	1	

齿轮箱将牵引电动机输出的转矩传递给齿轮箱的主动齿轮，再传递给从动齿轮，从而驱动轮对使列车前进。剖分式箱体由上、下箱体组成，分箱面通过车轴轴线，并与水平面成30°夹角。上箱体一侧设置有安全托，以防止齿轮箱掉落。上箱体顶部设置有吊环螺钉孔，以便于箱体的起吊。下箱体底部有一定的倾角，并在最低处设有放油孔及螺塞，便于箱体内润滑油排出，如图 2.1-27、表 2.1-11。

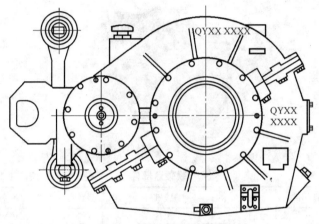

图 2.1-27 齿轮箱示意图

齿轮箱部件　　　　　表 2.1-11

二级部件	序号	三级部件	数量	备注
齿轮箱	1	注油孔及螺塞	1	
	2	下箱体	1	
	3	窥视孔及视孔盖	1	
	4	起吊装置	1	
	5	上箱体	1	
	6	通气器	1	
	7	齿轮箱吊杆	1	
	8	安全托	1	
	9	放油孔及螺塞	1	
	10	油面指示器	1	

联轴器用于将牵引电动机与齿轮传动装置连接起来。采用齿式联轴器连接，以补偿车辆在运营过程中由于线路不平顺和通过曲线、弯道时，垂向、纵向和横向位移及空重车之间的一系挠度变化等引起的电动机轴与主动齿轮轴之间的相对运动及安装误差，同时将牵引电动机输出的扭矩和旋转运动传递给齿轮箱。齿式联轴器包含两个半联轴器和一组连接法兰组，如图 2.1-28、表 2.1-12。

图 2.1-28　联轴器示意图

联轴器部件　　　　　　　　　　表 2.1-12

二级部件	序号	三级部件	数量	备注
联轴器	1	螺栓	12	M10X45
	2	六角螺母	12	M10
	3	半联轴	2	

（3）动车轮对轴箱组装

轮对轴箱组装由轮对组装和轴箱组装两部分组成。轮对轴箱组装分动车轮对轴箱组装和拖车轮对轴箱组装，均由轮对组装和轴箱组装两部分构成。

轮对组装包括两个车轮、一根车轴和两个螺堵。车轮提供滚动踏面，引导列车安全地沿轨道运行。轮对组装保证了固定的轮距。轮对作用是将静态和动态力从车体传递到轨道，特别是制动装置的制动力以及驱动单元的牵引力，如图 2.1-29、表 2.1-13。

车轮车轴之间为过盈配合。轮对组装上压装的车轮为整体碾钢车轮，新轮直径为 $\phi840mm$，磨耗到限的直径为 $\phi770mm$。

图 2.1-29　轮对示意图

轮对部件　　　　　　　　表 2.1-13

二级部件	序号	三级部件	数量	备注
轮对	1	车轴	1	
	2	车轮	2	
	3	螺堵	2	

　　轴箱组装是转向架最重要的部分之一，是一系悬挂装置的下部支撑，用来将全部簧上载荷传给轮对，并将来自轮对的牵引力、制动力和冲击作用传到构架上。此外，它还传递轮对与构架间的横向和纵向作用力。同时，通过轴承能将车轮的滚动转化为车体的平动。

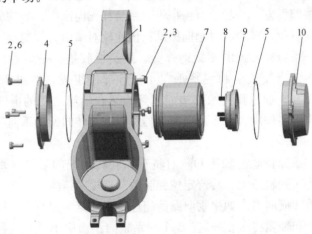

图 2.1-30　轴箱示意图

轴箱按照安装附属设备的不同可以分为普通轴箱;装编码里程计的轴箱;装接地装置的轴箱;装 BECU 的轴箱,如图 2.1-30、表 2.1-14。下面介绍普通轴箱的拆分。

轴箱部件　　　　　　表 2.1-14

二级部件	序号	三级部件	数量	备注
轴箱	1	轴箱体	1	
	2	六角螺栓	8	M16×45
	3	双耳止动垫	4	
	4	前端盖	1	
	5	○型密封圈	5	
	6	弹簧垫圈	4	16
	7	轴箱轴承	1	
	8	防松螺栓	3	M16×60
	9	轴端盖	1	
	10	外端盖	1	(空)

(4) 一系悬挂装置

每台转向架均配有 4 组一系悬挂装置,它们位于转向架构架侧梁端部下方。其功能有:提供一系悬挂三向刚度;平均分配一系垂向载荷;减缓轮对垂向振动;传递轮对牵引力和制动力

一系悬挂装置由螺旋钢弹簧、弹簧橡胶垫、一系垂向减振器、转臂橡胶关节和一系垂向止挡等部件组成,如图 2.1-31、表 2.1-15。通过弹簧橡胶垫能起到构架和轴箱之间的电气绝缘和噪声隔离作用。一系垂向减振器可以减小转向架的垂向和点头振动。

一系弹簧通过轴箱和轮对将车体和转向架的重量(垂向载荷)传递到轨道上。转臂定位橡胶关节连接轴箱体和构架,传递纵向力和横向力。如果垂向载荷超过一系弹簧的弹簧力,则转向架构架和轴箱将压在一起。4 个一系垂向止挡用于缓冲这种接触力,此外它们还可以防止损坏轴箱和转向架构架的金属表面。

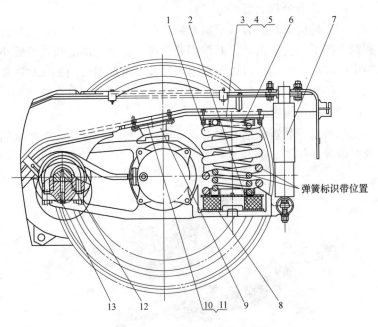

图 2.1-31　一系悬挂装置示意图

一系悬挂装置部件　　　　　　表 2.1-15

二级部件	序号	三级部件	数量	备注
一系悬挂装置	1	弹簧组	1	
	2	一系橡胶垫	1	
	3	弹簧垫片	1	1mm
	4	弹簧垫片	1	2mm
	5	弹簧垫片	1	5mm
	6	一系弹簧板	1	
	7	一系垂向减振器	1	
	8	一系基础垫	1	3mm
	9	一系垂向止挡	1	
	10	垫片	1	1mm
	11	垫片	1	2mm
	12	转臂定位橡胶关节	1	
	13	转臂定位座	1	

(5) 二系悬挂装置

每台转向架均配有一组二系悬挂装置,包括左右侧空气弹簧和两个二系垂向减振器。其作用是支撑并传递垂向载荷以及较小的横向载荷。它们也可以承受由不同载荷状况引起的车体与转向架之间的相对运动。还可通过空气弹簧高度调节阀可自动调节车体高度,补偿乘客载荷的变化。

二系悬挂装置包括右侧空气弹簧、左侧空气弹簧、二系垂向减振器等,如图 2.1-32、表 2.1-16。

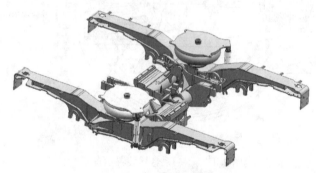

图 2.1-32　二系悬挂装置示意图

二系悬挂装置部件(一)　　　　表 2.1-16

二级部件	序号	三级部件	数量	备注
二系悬挂装置	1	空气弹簧	1	
	2	紧固螺栓	4	M12
	3	二系垂向减振器	1	
	4	紧固螺栓	4	M12

(6) 横向悬挂装置

横向悬挂装置由二系横向减振器和横向止挡构成,如图 2.1-33。二系横向减振器可在垂直方向和水平方向减振,横向止挡限制车体的过大的横向运动。该装置对车辆的横向平稳性和安全性起保障作用。

横向止挡装置主要由横向止挡座、二系横向止挡、横向缓冲器垫片、横向止挡垫片等组成,如图 2.1-34、表 2.1-17。

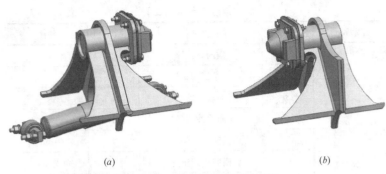

图 2.1-33 横向悬挂装置示意图

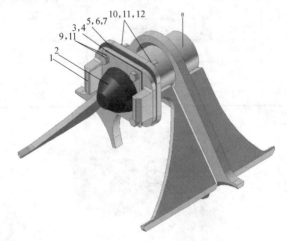

图 2.1-34 横向止挡示意图

(7) 牵引装置

牵引装置由牵引座和牵引杆组成,牵引装置用来实现转向架与车体之间的连接,如图 2.1-35。

牵引杆组装由一根牵引杆和两个牵引橡胶关节构成。牵引杆的作用相当于一个推拉杆,它借助于牵引橡胶关节将牵引座和转向架构架连接起来,如图 2.1-36、表 2.1-18。牵引橡胶关节能缓冲和吸收车体和转向架之间的振动、冲击,协调转向架和车体之间的相对运动。实现车辆的牵引和制动功能。

二系悬挂部件（二）　　　　　表2.1-17

二级部件	序号	三级部件	数量	备注
二系悬挂装置	1	横向止挡座	1	
	2	二系横向止挡	1	
	3	横向缓冲器垫片	1	
	4	横向缓冲器垫片	1	
	5	横向止挡垫片	1	1mm
	6	横向止挡垫片	1	2mm
	7	横向止挡垫片	1	3mm
	8	构架	1	
	9	六角螺栓	1	M12×65
	10	六角螺母	4	M12（79 N·m）
	11	平垫圈	4	12
	12	弹簧垫圈	4	12

图 2.1-35　牵引装置示意图

图 2.1-36　牵引杆组装示意图

牵引装置部件 表 2.1-18

二级部件	序号	三级部件	数量	备注
牵引装置	1	牵引座	1	
	2	牵引杆	1	
	3	牵引橡胶关节	1	
	4	安装螺栓	4	M24

（8）基础制动单元

基础制动采用踏面制动方式，通过闸瓦与轮对踏面之间的摩擦，将列车的动能转化为闸瓦和轮对的内能消耗掉，实现列车的制动，如图 2.1-37。每个转向架配有 4 个制动单元，其中 2 个制动单元带停放制动功能，成斜对称布置。

基础制动单元安装图见图 2.1-38，图 2.1-38 中杆件见表 2.1-19。

（9）整体起吊装置

整体起吊装置安装在转向架构架的横梁与转向架牵引座上，

图 2.1-37 基础制动单元
(a) 不带停放踏面的制动单元；(b) 带停放踏面的制动单元图

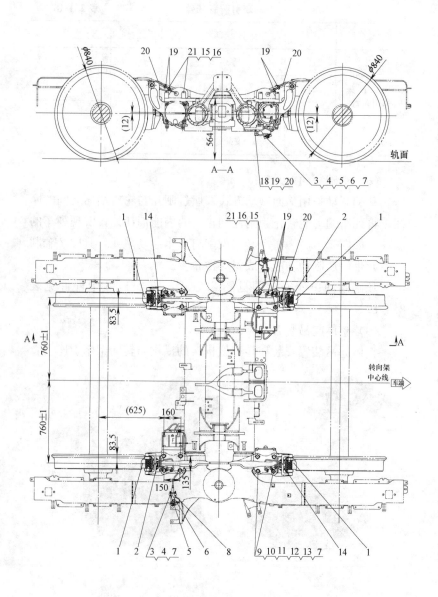

图 2.1-38 基础制动单元安装图

基础制动单元部件　　　　表 2.1-19

二级部件	序号	三级部件	数量	备注
基础制动单元	1	闸瓦	1	
	2	制动单元	1	带手动缓解
	3	六角螺栓	1	M8×35
	4	小垫圈	1	8
	5	弹簧垫圈	1	8
	6	六角螺母	1	M8
	7	润滑脂	1	
	8	缓解拉绳	1	
	9	六角头螺杆带孔螺栓	4	M20×280(12.9)
	10	平垫圈	4	20-300HV
	11	辅助垫板	1	
	12	2型六角开槽螺母	4	M20
	13	开口销	1	
	14	踏面制动单元	1	不带停放
	15	六角头螺杆带孔螺栓	4	M20×120(12.9)
	16	套管	1	
	17	六角螺栓	4	M6×30
	18	压板	1	
	19	钢丝绳夹	1	
	20	钢丝绳	1	
	21	乐泰胶	1	

转向架牵引座固定在车体上，如图 2.1-39、表 2.1-20。通过钢丝绳将转向架构架与安装在车体下方的牵引座连接，而安装在车体下方的牵引座是通过螺栓组与车体连接成一个整体的，从而在起吊车体的同时，整体起吊装置能将转向架一同吊起。

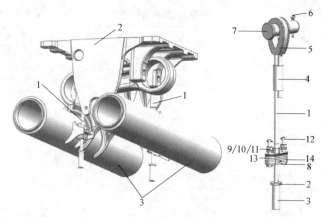

图 2.1-39 整体起吊装置示意图

整体起吊装置部件　　　　表 2.1-20

二级部件	序号	三级部件	数量	备注
整体起吊装置	1	起吊限位钢丝绳	1	
	2	垫圈	1	
	3	压紧端子	1	
	4	压紧端子	1	
	5	索环	1	
	6	弹簧锁销	1	
	7	插杆销	1	
	8	螺栓	1	六角头螺杆带孔 M12
	9	平垫圈	1	
	10	弹簧垫圈	1	
	11	六角螺母	1	
	12	开口销	1	
	13	调整垫片	1	
	14	尼龙套管	1	

(10) 抗侧滚装置

抗侧滚装置安装在车体与转向架之间,每个转向架上均装有一个抗侧滚装置,功能是限制车体相对于转向架的侧滚运动(图2.1-40)。抗侧滚扭力杆可以使车体在侧滚条件下保持车辆稳定,还可以减少车体在弯道行驶及通过道岔时的动态倾摆。

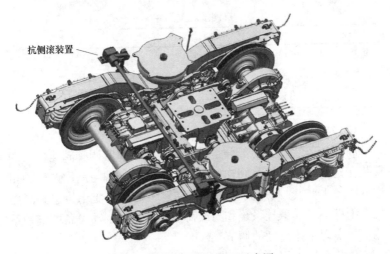

图 2.1-40 抗侧滚装置示意图

抗侧滚装置主要由一个两端分别安装在轴承座内的橡胶撑套上的扭杆组成。轴承座安装在车体上的焊接安装座上。两个拉压杆安装在转向架构架侧梁的支座上并与扭杆的扭臂装在一起，如图 2.1-41、表 2.1-21。

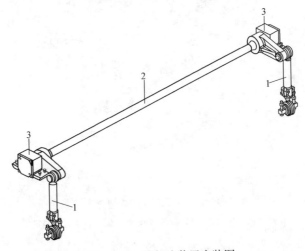

图 2.1-41 抗侧滚装置安装图

抗侧滚装置部件 表 2.1-21

二级部件	序号	三级部件	数量	备注
抗侧滚装置	1	拉压杆	2	
	2	扭杆	1	
	3	轴承座	2	

(11) 高度调节装置

高度调节装置主要部分是高度阀连杆，高度调整阀连杆一端安装在构架的高度调整阀连杆安装座上，另一端与高度调整阀相连（图 2.1-42）。高度调整阀连杆将乘客载荷的变化传递到高度阀控制杆、二系悬挂系统和与载荷控制相关的制动设备的气动系统上，实现车体高度的调节。

每节车辆采用三点调平方式，转向架 1 安装两个高度阀控制杆，转向架 2 安装一个高度阀控制杆。三个高度阀控制杆除了安装位置不一样，结构完全一样。

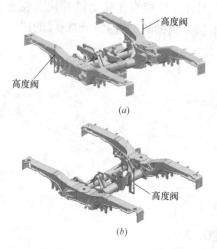

图 2.1-42 高度调节装置
(a) 转向架 1 高度调节装置；(b) 转向架 2 高度调节装置

高度调节装置拆分如图 2.1-43、表 2.1-22。

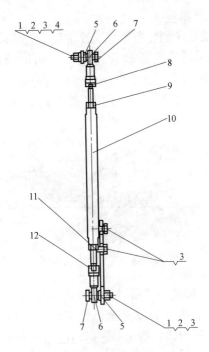

图 2.1-43 高度调节装置结构图

高度调节装置部件　　　　　表 2.1-22

二级部件	序号	三级部件	数量	备注
高度调节装置	1	开口销	1	
	2	六角槽型螺母	1	
	3	弹簧垫圈	1	
	4	平垫圈	1	
	5	挡块	1	
	6	杆端关节轴承	1	
	7	销轴	1	
	8	螺杆(一)	1	
	9	六角螺母	1	M12
	10	螺桶	1	
	11	六角螺母	1	M12-LH
	12	螺杆(二)	1	

(12）空气管路

国内某型地铁车辆转向架空气管路系统全部采用不锈钢管路与卡套式接头，通过橡胶软管组成与车辆供风系统连接（图2.1-44）。每个转向架都配有三条独立的管路输送压缩空气，两条用于基础制动单元动作，一条用于停车制动单元动作。这些管路均通过管夹安装在构架管卡座上。

图2.1-44　空气管路示意图

1）用于第一根轴的常用制动的独立管路

如图2.1-45、表2.1-23所示，管子1、2、3通过功能螺母9和三通接头6进行连接。管子2通过功能螺母9和直通隔板式接头7与空气软管11连接，管子3通过功能螺母9和直通隔板式接头7与空气软管连接10。空气软管10、11通过端直通接头8接到第一根轴的常用制动上。

直角组合接头5将管子1和直角隔板式接头4连接在一起，直角隔板式接头4是连接转向架与车体的接口。

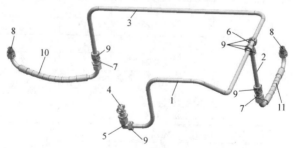

图2.1-45　第一根轴空气管路示意图

空气管路部件（一）　　　表 2.1-23

二级部件	序号	三级部件	数量	备注
空气管路 （第一根轴的常用制动管路）	1	管子	1	
	2		1	
	3		1	
	4	直角隔板式接头	1	
	5	直角组合接头	1	
	6	三通接头	1	
	7	直通隔板式接头	1	
	8	端直通接头	1	
	9	功能螺母	1	
	10	空气软管	1	
	11		1	

2）用于第二根轴的常用制动的独立管路

如图 2.1-46、表 2.1-24 所示，管子 1、2、3 通过功能螺母 9 和三通接头 6 进行连接。管子 2 通过功能螺母 9 和直通隔板式接头 7 与空气软管连接 11，管子 3 通过功能螺母 9 和直通隔板式接头 7 与空气软管 10 连接。空气软管 10、11 通过端直通接头 8 接到第一根轴的常用制动上。

3）直角组合接头 5 将管子 1 和直角隔板式接头 4 连接在一起，直角隔板式接头 4 是连接转向架与车体的接口。

（13）转向架布线

转向架布线是根据车辆总车要求，将信号天线电缆、各种传

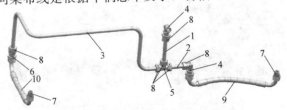

图 2.1-46　第二根轴空气管路示意图

空气管路部件（二） 表 2.1-24

二级部件	序号	三级部件	数量	备注
空气管路 （第二根轴的 常用制动管路）	1	管子	1	
	2		1	
	3		1	
	4	直角隔板式接头	1	
	5	三通接头	1	
	6	直通隔板式接头	1	
	7	端直通接头	1	
	8	功能螺母	1	
	9	空气软管	1	
	10		1	

感器组件的电缆和接地装置电缆部分需要布置在转向架上的进行固定。转向架布线装置就是给这些电缆提供安装固定功能。

动车转向架布线包含接地装置布线、BECU 速度传感器布线和电动机接地，配置于动车转向架上（图 2.1-47）。

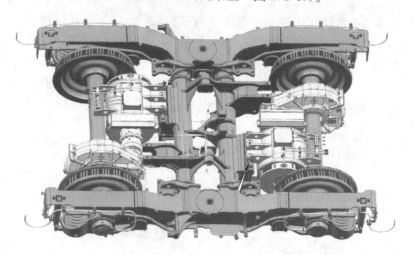

图 2.1-47 动车转向架布线示意图

拖车转向架布线包含信标天线跳线布线、BECU速度传感器布线、接地装置布线、BECU双通道速度传感器布线等，配置于拖车转向架上（图2.1-48）。

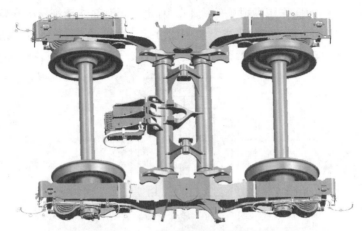

图2.1-48　拖车转向架布线示意图

（14）轮缘润滑装置（仅拖车）

轮缘润滑装置的目的主要是通过向轨道喷洒润滑油，减少轮缘和轨道的磨损，并起到一定的降噪效果。轮缘润滑系统主要由：油箱、气动泵、电磁阀、油气分配器、喷嘴和控制单元组成（图2.1-49）。

图2.1-49　轮缘润滑装置示意图

工作原理：由压缩空气驱动的泵将润滑剂输送到油气混合块。在混合块中，借助于流动的紊流状的压缩空气的作用，润滑剂和压缩空气形成油气混合物并沿着管壁输送，到达喷嘴后，通过喷嘴的加速作用喷射到轮缘上，因此，润滑剂能精细覆盖在轮缘上而不会洒落到别处，如图 2.1-50 为轮缘润滑装置，表 2.1-25 为轮缘润滑装置部件。

图 2.1-50　轮缘润滑装置

轮缘润滑装置部件　　　　表 2.1-25

二级部件	序号	三级部件	数量	备注
轮缘润滑装置	1	油箱	1	
	2	气动阀	1	
	3	电磁阀	1	
	4	油气分配器	1	
	5	喷嘴	1	
	6	控制单元	1	

2.1.3　车钩系统

1. 系统简介

车钩是地铁列车的重要组成部件，它主要功能是连接列车中各节车辆，使之彼此保持一定距离或列车之间的救援联挂，并且传递和缓和列车在运行中所产生的纵向力和冲击力，此外还可以实现车辆间的电路和气路连接。

2. 车钩分类

目前国内的城轨列车所使用的车钩，按安装位置和所连接的车型不同，可以分为全自动车钩、半自动车钩、半永久车钩（又称半永久牵引杆）。

全自动车钩可实现地铁车辆的机械自动连接、电路自动连接和气路自动连接和解编。全自动车钩装备有电气钩头，有50个触点，可以实现两列车联挂后的所有列车信号的传递和控制功能。联挂时无需人工辅助，把一辆车开向另一辆车就可以实现两辆车的自动联挂。即使水平方向和垂直方向有一定的角位移的情况下，也可以通过对中装置实现自动联挂。解钩时可通过操作司机室的解钩按钮，实现自动气动解钩。当气路存在故障时，可在车钩旁拉动解钩绳实现手动解钩（图2.1-51）。

图2.1-51 全自动车钩示意图

半自动车钩能够实现车辆机械和气路的全自动连接，和部分电路的自动动连。解编时需要手动拉动解钩拉绳才能实现车钩的分离。半自动车钩功能和结构上与全自动车钩相似，但未设电动车钩头。仅有4针电动车钩头，用于传递列车的联挂状态的信号，其余电气连接通过跨接线缆箱实现（图2.1-52）。

半永久车钩用于永久性的连接车辆编组连接。即在紧急情况下或车辆在大架修等修程需要解编，否则不需要解编的车辆。半永久牵引杆的只能进行手动的连接和分离（图2.1-53）。

国内某型地铁列车采用6节编组列车，由4节动车和2节拖

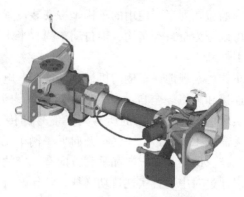

图 2.1-52 半全自动车钩示意图

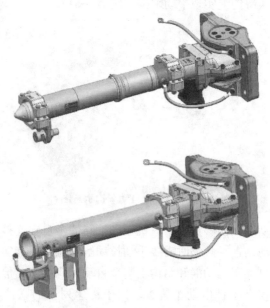

图 2.1-53 半永久车钩示意图

车组成。全车由两个单元联挂而成。一个单元的编组形式为：=Tc—Mp—M+。其中 Tc 为带司机室的拖车，Mp 为带受电弓的动车，M 车为不带受电弓的动车。全车的编组形式为：=Tc—Mp—M+M—Mp—Tc=。

Tc车头端采用全自动车钩,用符号"="表示,全车共有两个。Tc车与Mp车,Mp车与M之间采用半永久车钩连接,用符号"—"表示,全车共有4个。M与M车之间采用半自动车钩连接,用符号"+"表示,全车共有两个。

3. 车钩拆分

下面以全自动车钩为例,进行车钩系统的拆分。

(1) 全自动车钩为例主要由钩头、钩身和钩尾3部分组成,如图2.1-54～图2.1-56、表2.1-26。

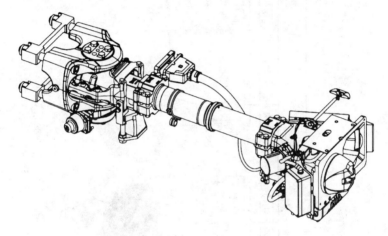

图2.1-54 全自动动车钩示意图

车钩部件　　　　　　　表2.1-26

一级部件	功能部件	序号	二级部件	数量	备注
拖车转向架系统	钩头	1	机械钩头	4	
		2	电气钩头	1	
		3	电气钩头操作装置	1	
		4	车钩头气动装置	1	
		5	车钩头电气装置	1	
		6	解钩装置	1	
	钩身	7	钩身	1	
	钩尾	8	对中装置	4	
		9	橡胶缓冲装置	1	

2 地铁电客车系统组成及研究 | 77

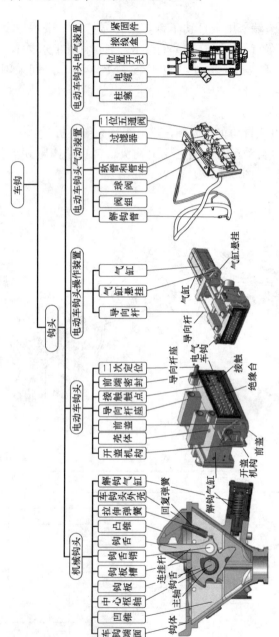

图 2.1-55 车钩示意图（一）

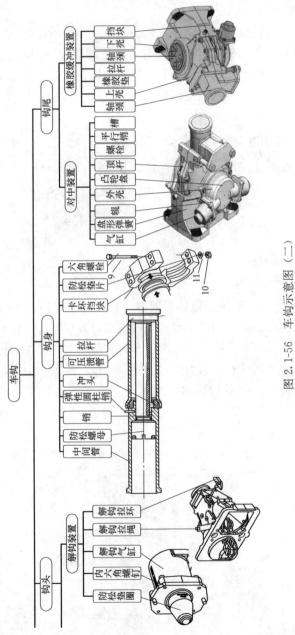

图 2.1-56 车钩示意图（二）

1) 钩头

钩头由机械钩头、电动车钩头、电气钩头操作装置、车钩头气动装置、车钩头电气装置、解钩装置等组成（图 2.1-57），其中电子钩头是全自动车钩特有的机械结构，也是全自动车钩可以实现电气自动连接的关键部件。

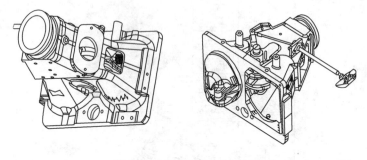

图 2.1-57　车钩钩头示意图

① 机械钩头是用以确保两节车厢之间的机械连接的主要部件。端面有凸锥和凹锥，允许车钩自动对齐和同心，在水平和垂直方向提供一个大的联挂范围。车钩端面配有一只宽而扁的边缘以吸收缓冲载荷。牵引力通过钩锁（钩板、钩舌、中心销和张力弹簧）传递。牵引和缓冲负载从车钩传送到车厢底架内，如图 2.1-58、表 2.1-27。

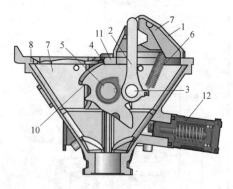

图 2.1-58　机械钩头示意图

机械钩头部件 表 2.1-27

二级部件	序号	三级部件	数量	备注
机械钩头	1	车钩头外壳	1	
	2	钩舌	1	
	3	钩舌销	1	
	4	钩板	1	
	5	中心枢轴	1	
	6	拉伸弹簧	1	
	7	凸锥	1	
	8	凹锥	1	
	9	车钩端面	1	
	10	钩板槽	1	
	11	挡块	1	
	12	解钩汽缸	1	

② 电气钩头可以自动完成联挂和解钩的过程，负责两列车联挂后的控制电路电气线路的对接，线路电压均在110V级以下（图2.1-59、表2.1-28）。

③ 电动车钩头操作装置安装在机械钩头的下面，用来向前和向后移动电动车钩头（图2.1-60、表2.1-29）。当电气钩头向前推动时，推进机构移入死点位置，以避免运行期间电气钩头退回。

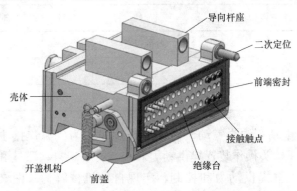

图 2.1-59 电气钩头示意图

2 地铁电客车系统组成及研究

电气钩头部件 表 2.1-28

二级部件	序号	三级部件	数量	备注
电气钩头	1	前盖	1	
	2	壳体	1	
	3	开盖机构	1	
	4	导向杆座	1	
	5	二次定位	1	
	6	接触触点	1	
	7	前端密封	1	

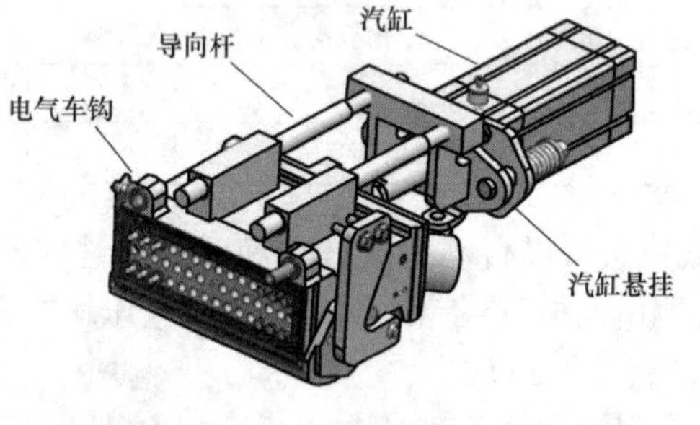

图 2.1-60 电动车钩头操作装置示意图

电气钩头操作装置部件 表 2.1-29

二级部件	序号	三级部件	数量	备注
电气钩头操作装置	1	导向杆	2	
	2	汽缸	1	
	3	汽缸悬挂	1	

④ 电动车钩头气动装置主要作用是作为气源连接主风管,为电动车钩头操作装置提供动力和控制,实现自动联挂和解钩;为解钩汽缸提供动力和控制,实现自动机械解钩(图 2.1-61、表 2.1-30)。

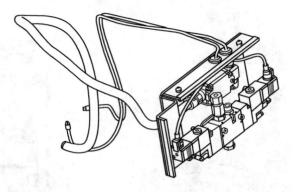

图 2.1-61 电动车钩头气动装置示意图

电气钩头气动装置部件　　　　　　　表 2.1-30

二级部件	序号	三级部件	数量	备注
电动车钩头气动装置	1	球阀	1	
	2	过滤器	1	
	3	二位五通阀	1	
	4	阀组	1	
	5	解钩管	1	
	6	软管和管件	1	

⑤ 电动车钩头电气装置是利用中心枢轴和锁舌处的位置开关，获取关于本车和对面的车钩的位置信息，并将此信号传递给列车控制系统，在列车控制系统中进行显示和其他操作（图 2.1-62、表 2.1-31）。

电气钩头电气装置部件　　　　　　　表 2.1-31

二级部件	序号	三级部件	数量	备注
电动车钩头电气装置	1	柱塞	1	
	2	接线盒	1	
	3	位置开关	1	中心枢轴处
	4	位置开关	1	钩舌处
	5	电缆	1	
	6	紧固件	1	

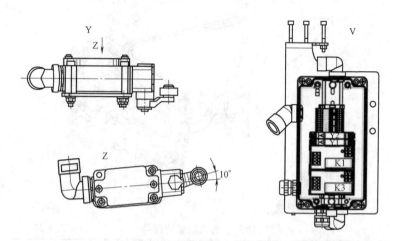

图 2.1-62　电动车钩头电气装置示意图

⑥ 解钩装置包括解钩汽缸和手动解钩装置,如图 2.1-63、表 2.1-32。解钩汽缸用于自动解钩,手动解钩装置手动解钩。手动解钩装置是机械钩头的一部分,在此不再介绍。

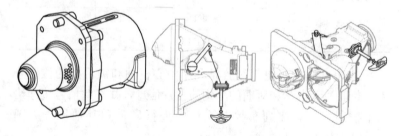

图 2.1-63　解钩汽缸示意图

解钩汽缸部件　　　　　　表 2.1-32

二级部件	序号	三级部件	数量	备注
解钩汽缸	1	解钩汽缸	1	
	2	防松垫圈	2	
	3	内六角螺钉	2	
	4	解钩拉环	1	
	5	解钩拉绳	1	

2) 钩身

钩身是将钩头和钩尾座连接起来的装置（图 2.1-64、表 2.1-33）。钩身主要部分由中间管、可压溃管和卡环组成。中间管与钩头连接，可压溃管通过拉杆钩尾座连接，连接方式均为法兰和卡环连接。其中可压溃管属于不可复原的吸能装置。当车钩受到的冲击超过钩尾座内的橡胶缓冲装置的承受能力时，可压溃管受到挤压而变形，将动能转化为内能，起到保护作用。可压溃管上有一弹性圆柱销，用于指示可压溃管是否变形。

卡环连接是一种夹紧连接。待连接的部件端部的法兰，放在卡环中间的凹槽内，通过卡环连接件螺钉紧紧夹在一起。

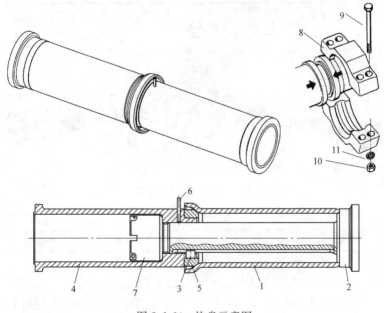

图 2.1-64　钩身示意图

3) 钩尾

钩尾是将车钩与车体牵引梁连接的装置，起到连接紧固、缓解冲击、定位安装的作用。钩尾主要部分由对中装置和橡胶缓冲装置组成，如图 2.1-65、表 2.1-34。

钩身部件　　　　　表 2.1-33

二级部件	序号	三级部件	数量	备注
钩身	1	可压溃管	1	
	2	拉杆	1	
	3	销	1	
	4	中间管	1	
	5	冲头	1	
	6	弹性圆柱销	1	
	7	防松螺母	1	
	8	卡环挡块	2	
	9	六角螺栓	4	
	10	六角螺母	4	
	11	防松垫片	4	

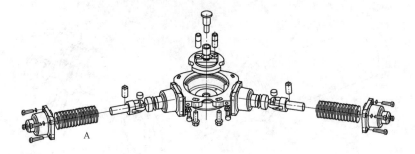

图 2.1-65　钩尾示意图

钩尾部件　　　　　表 2.1-34

二级部件	序号	三级部件	数量	备注
钩尾	1	外壳	1	
	2	汽缸	1	
	3	盘形弹簧	1	
	4	顶杆	1	
	5	辊	1	
	6	凸轮盘	1	
	7	螺栓	1	
	8	平行销	1	
	9	槽	1	

① 对中装置的作用是调整车钩的纵向高度，使其和联挂车辆的车钩处于同一高度范围，保证连挂正常。

② 橡胶缓冲装置用于连接钩身和车体底架，通过卡环与钩身相连，是一种能量吸收设备。列车组内的各方向移动通过橡胶垫装置和轴承座等部件予以弹性缓冲。它还可以缓冲拉伸载荷和压缩载荷在垂直、水平方向上的位移和旋转角度（图 2.1-66、表 2.1-35）。

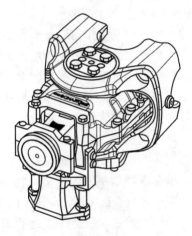

图 2.1-66 橡胶缓冲装置示意图

橡胶缓冲装置部件　　　　表 2.1-35

二级部件	序号	三级部件	数量	备注
橡胶缓冲装置	1	轴颈	1	
	2	上壳	1	
	3	橡胶垫	1	
	4	拉杆	1	
	5	下壳	1	
	6	轴颈	1	
	7	挡块	1	

2.1.4 供风制动系统

1. 系统简介

制动系统是电客车的重要组成部分,为电客车使用压缩空气的设备提供充足的风源,同时控制电客车机械制动的施加与缓解。

国外进口的制动系统,主要包括日本 NABCO 制动系统、德国 KNORR 制动系统、英国 WSTINGHOUSE 制动系统和 SAB-WABCO 制动系统。

城市轨道交通车辆制动系统作为列车车辆装备中技术含量最高、安全要求最高、最复杂的系统之一,对列车的安全可靠运行来说至关重要。在列车运行过程中,到站制动、站内停车、离站等多种工况下制动系统都会频繁工作,并且与其他系统,如牵引系统、信号系统等协同工作保障列车正常运行。制动系统作为车辆的关键装备,一旦发生故障,直接影响车辆运行,严重时会造成车辆事故,危害旅客的生命安全。随着城市轨道交通车辆运行速度的不断提升,给车辆制动系统的安全性提出了更高的要求。因此,对车辆制动系统进行全面的学习,有利于对车辆制动系统进行安全评估,及时发现安全隐患,最终提高车辆运行的安全性。

2. 制动系统分类

对于城市轨道交通车辆来说,制动方式有摩擦制动和电制动。摩擦制动即车辆的动能通过摩擦转变为热能。常用的摩擦制动主要采用踏面制动和盘形制动。电制动即在制动时,将牵引电动机变为发电机,使车辆动能转化为电能。对这些电能的不同处理方式形成了不同方式的电制动。城市轨道交通车辆上采用的电制动形式主要有电阻制动和再生制动,此外还有反接制动和高转差率制动等。另外,在国外采用的制动方式还有电磁轨道制动和轨道涡流制动。

目前,我国城市轨道交通车辆制动系统主要分为国内和国外产品,国内制动系统为铁道科学研究院机车车辆研究所研制的制动系统；国外制动系统主要包括德国 KNORR 制动系统、日本 NABTESCO 制动系统。以上均属于当今主流的模拟式直通电空制动系统，具有反应快速、操纵灵活，以及与牵引、TCMS（列车控制管理系统）和 ATC 等系统协调配合等特点。

(1) 国产制动系统

由铁道科学研究院机车车辆研究所研制的国产制动系统，已成功运用于各城市的地铁车辆中，如天津滨海线所采用的制动系统。该系统采用微机控制的模拟式电空制动系统，其采用车控方式，即每辆车都配有一套电空制动控制装置（EBCU），空气簧压力取自前后转向架各1点，将其平均后进行控制，EBCU 内设有监控终端，具有自诊断和故障记录功能。

空气制动系统能在司机控制器、ATO 或 ATP 的控制下对列车进行阶段或一次性的制动与缓解。该系统具有反应迅速、操纵灵活等特点，能与电制动混合使用具备防滑控制、紧急制动等功能。

(2) 德国 KNORR 制动系统

德国 KNORR 制动系统主要指 KNORR 的 ESRA 电空制动系统和 EP2002 电空制动系统。ESRA 电空制动系统是一种标准化的制动系统，是传统的直通电空制动系统，可用于动车组和城市轨道交通等项目。该电空制动系统 1993 年研发，1995 年投入使用。在我国，该电空制动系统主要应用于上海、广州、北京和天津等地铁项目。

1) KNORR 的 ESRA 制动系统

KNORR 的 ESRA 制动系统的制动控制单元包括制动电子控制装置和气动控制装置两部分：电子控制装置为贮有定制程序的标准机箱，主要由包括微处理器的主电路板、辅助电路板和通信板组成；气动控制装置主要由电空模拟转换（EP）阀、紧急电磁阀、中继阀、空重车调整阀和气路板等组成。

2) KNORR 的 EP2002 电空制动系统

德国 KNORR 的 EP2002 电空制动系统主要指英国 WEST-

INGHOUSE（现为 KNORR 英国子公司）的 EP2002 电空制动系统，是一种基于架控的城轨直通电空制动系统。该电空制动系统 2000 年开始研发，2005 年装车应用。在我国，该电空制动系统主要应用于上海、广州、北京等地铁项目。EP2002 电空制动控制单元包括一系列高度机电一体化的制动控制阀，即网关阀（GatewayValve）、扩展阀（RIO Valve）和智能阀（Smart Valve）。网关阀主要用于制动网络控制和本车制动控制，扩展阀主要用于本车制动控制和扩展电气连接，智能阀用于本车制动控制。

3）日本 NABTESCO 制动系统

日本 NABTESCO 制动系统主要指 NABTESCO 的 HRDA 型电空制动系统，1992 年投入应用，是一种传统的直通电空制动系统。在我国，该电空制动系统主要应用于北京和天津的城轨项目。

HRDA 型电空制动系统的制动控制单元包括制动电子控制装置和气动控制装置两部分：电子控制装置为贮有定制程序的标准机箱；气动控制装置主要由电空中继阀、空重车调整阀和气路板等组成。

3. 供风制动系统拆分

国内某型地铁列车所使用的 KNORR 公司的 EP2002 型制动系统，按实现的特定功能可以分为八大组，分别为：(1) 压缩空气供给装置（A 组）、(2) 制动控制系统（B 组）、(3) 基础制动装置（C 组）、(4) 车轮防滑设备（G 组）、(5) 空气悬挂设备（L 组）、(6) 受电弓升弓设备（U 组）、(7) 轮缘润滑供风设备（V 组）、(8) 车钩气路装置（W 组）。

(1) 压缩空气供给装置（A 组）

该组设备负责为列车提供并储存充足、干燥、洁净、压力合适的压缩空气。压缩空气供给系统的核心部分是风源模块，风源模块安装在列车中两节 M 车上。此系统包括压缩空气的产生、净化、传输、存储和压力控制等环节。空气压缩机组是产生压缩空气的装置,它产生的压缩空气通过双塔干燥器及精细过滤器进行净化,净化后的压缩空气进入总风管,进而通过车钩气路装置(W组部件)向相邻车辆传输;列车中的每节车均从总风管获取本车所需使用的压缩空气,储存在总风缸(A06)中的同时供本车用风系统使用(图2.1-67、表2.1-36)。

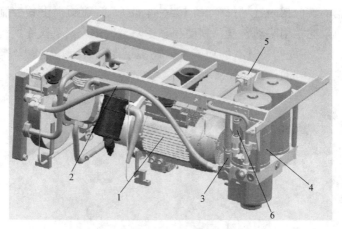

图2.1-67 压缩空气供给装置示意图

压缩空气供给装置部件　　　　　表2.1-36

二级部件	序号	三级部件	数量	备注
压缩空气供给装置(A组)	1	空气压缩机组	1	
	2	软管	1	
	3	安全阀	1	启动压力1.2MPa
	4	双塔干燥器	1	
	5	精细滤油器	1	
	6	安全阀	1	启动压力1.05MPa

(2)制动控制系统(B组)

制动控制系统包括EP2002阀和风缸模块。主要实现两方面的功能:空气制动控制(制动施加与缓解、防滑控制、转向架故障隔离)和停放制动控制(施加与缓解)。由微机控制单元和辅助控制模块两部分组成。

制动微机控制单元采用 EP2002 阀。EP2002 阀通过网关阀和智能阀来实现分布式制动控制的网络（图 2.1-68）。列车 Tc 车及 M 车各有一个 EP2002 网关阀和一个 EP2002 智能阀，而 Mp 车有两个 EP2002 智能阀。每个阀都安装在靠近车体边梁其控制的转向架附近（每个转向架一个阀）。智能阀提供其控制的转向架的常用制动、紧急制动和车轮防滑保护。网关阀除了提供 EP2002 智能阀所具有的功能外，还提供制动管理功能以及与列车控制系统的接口功能。

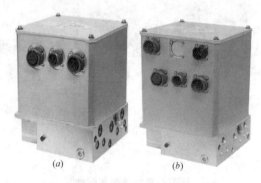

图 2.1-68　制动微机控制单元
(a) 智能阀；(b) 网关阀

辅助控制模块是车辆和制动微机控制单元 EP2002 之间的连接件，用于向制动缸、停放制动装置和空气悬挂设备等部件提供充气和放气的控制。主要由：过滤器、止回阀、球阀、双脉冲电磁阀、二位三通阀、压力开关等设备组成，制动控制系统见图 2.1-69、表 2.1-37。

双脉冲电磁阀用于停放制动的控制，二位三通阀用于停放制动缸与总风隔离，球阀可在维护时用于切除制动系统及停放制动的风源，压力开关用于监控停放制动缸内的压力。

风缸模块由主风缸、悬挂风缸以及制动风缸组成（图2.1-70）。主风缸用于储存来自总风管的压缩空气，悬挂风缸用于给空气悬

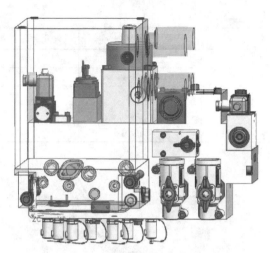

图 2.1-69 制动控制系统图

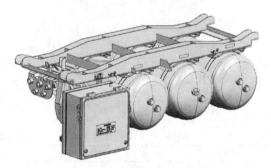

图 2.1-70 风缸模块示意图

制动控制系统部件　　　　表 2.1-37

二级部件	序号	三级部件	数量	备注
制动控制系统（B组）	1	智能阀	8	全车 8 个
	2	网关阀	4	全车 4 个
	3	过滤器	1	
	4	止回阀	1	
	5	球阀	1	
	6	双脉冲电磁阀	1	

续表

二级部件	序号	三级部件	数量	备注
制动控制系统（B组）	7	二位三通阀	1	
	8	压力开关	1	
	9	主风缸	1	
	10	悬挂风缸	1	
	11	制动风缸	1	

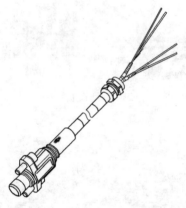

图 2.1-71　车轮防滑设备示意图

车轮防滑设备部件　　　　　表 2.1-38

二级部件	序号	三级部件	数量	备注
车轮防滑设备（G组）	1	速度传感器	22	M、Mp 车均有 4 个，Tc 车 1 个。
	2	速度传感器	2	仅 Tc 车有 1 个。

挂装置供气，制动风缸贮存的压缩空气可以为制动控制提供压缩空气。

（3）基础制动装置（C组）

基础制动装置是空气制动系统的执行机构。基础制动装置包括作用于每根轴上的带停放制动的踏面制动单元和不带停放制动的踏面制动单元。

踏面制动单元中的弹簧施加部分作为停放制动执行机构，可通过司机控制面板上的"停放制动"按钮进行停放制动的施加或缓解。同时,在转向架侧装有机械辅助缓解装置,在按钮失效时,可通过该装置缓解停放制动。

具体介绍见转向架系统拆分。

(4) 车轮防滑设备 (G组)

车轮防滑设备是转向架上安装在轴箱外侧的车轴速度传感器等信号采集设备(图2.1-71、表2.1-38)。速度传感器是用于无接触测量永磁性齿轮(凸极转子)转数的传感器,并以此测量轨道车辆中轴的转数(车辆速度)。

(5) 空气悬挂设备 (L组)

空气悬挂系统主要有3方面的功能:一是为车辆提供空气悬挂,改善车辆的动力学特性和运行品质;二是通过设置高度阀,可使车辆地板面高度调整好后不随载荷的变化而改变;三是将簧上载荷实时、准确地测量并提供给车辆控制系统,为列车的有效牵引和精确制动打下基础(图2.1-72、表2.1-39)。

(6) 受电弓升弓设备 (U组)

受电弓升弓系统用于向受电弓提供各种工况下升弓所必需的压缩空气,每节Mp车有一套。包括:塞门、滤尘器、电磁阀、止回阀、脚踏泵、软管、二位三通阀、电动泵、升弓风缸、压力表以及操作所需的一些辅助装置(图2.1-73、表2.1-40)。

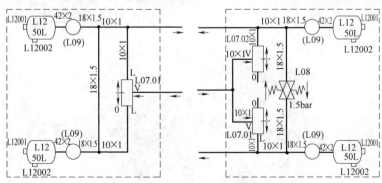

图2.1-72 空气悬挂系统原理图

空气悬挂设备部件   表 2.1-39

二级部件	序号	三级部件	数量	备注
空气悬挂设备（L组）	1	溢流阀	1	
	2	空气簧储风缸	1	
	3	减压阀	1	调整后压力为 0.63MPa
	4	压力检测接口	1	
	5	塞门	1	
	6	高度阀	2	
	7	差压阀	1	
	8	气囊	4	
	9	测试接口	1	
	10	空气簧附加风缸	2	

升弓电磁阀用于正常升弓时使总风缸内的压缩空气送到受电弓，脚踏泵可以产生并供给少量 0.6MPa 压缩空气，二位三通阀用于升弓设备气路中的充气或闭锁等过程进行调控，压力表用于指示升弓管路压缩空气的压力。

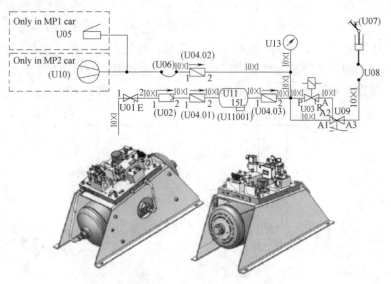

图 2.1-73　受电弓升弓设备原理图

受电弓升弓设备部件　　　　　　表 2.1-40

二级部件	序号	三级部件	数量	备注
受电弓升弓设备（U组）	1	塞门	1	
	2	滤尘器	1	
	3	升弓电磁阀	1	
	4	止回阀	1	
	5	脚踏泵	1	
	6	软管	1	
	7	二位三通阀	1	
	8	电动泵	1	
	9	升弓风缸	1	
	10	压力表	1	

（7）轮缘润滑供风设备（V组）

该设备主要是一个球阀，用于控制主风管向轮缘润滑设备的气源供应。

（8）车钩气路装置（W组）

车钩气路装置包括连接软管、截断塞门、解钩电磁阀等（图 2.1-74、表 2.1-41）。解钩电磁阀的作用是：当通过按压司机台上的"解钩"按钮控制，电磁阀导通，压力空气进入车钩的汽缸，推动汽缸的活塞连杆机构实现解钩。截断塞门用于导通和隔离车与车之间主风管路的连通。

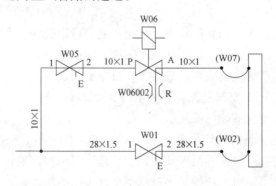

图 2.1-74　车钩气路装置原理图

车钩气路装置部件 表 2.1-41

二级部件	序号	三级部件	数量	备注
车钩气路装置（W组）	1	软管	1	
	2	截断塞门	1	
	3	解钩电磁阀	1	

2.1.5 车门系统

1. 系统简介

客室车门作为乘坐地铁时乘客上下的通道，在车辆的运营中扮演着重要的角色．其是否使用便捷及导向安全，直接关系到地铁运营的安全有序及乘客的人身安全。

为了保证列车的正常载客运营和日常维护使用，车门系统在功能上应满足以下基本要求：（1）具有足够的数量；（2）分布均匀，便于乘客上下车；（3）具有足够的宽度和高度，满足不同地域和客流量的需求；（4）车门附件有足够空间；（5）具有较高的可靠性，可维护性与安全性。

在性能上应满足：（1）开关门动作顺畅，无卡滞；（2）密封性良好，无漏风漏光；（3）具有障碍物检查，防夹保护功能；（4）可以实现单控或联控，手动控制与自动控制，单个车门隔离等功能。

2. 车门分类

地铁列车车门系统按车门结构不同，可以分为：塞拉门、内藏门、外挂门、微塞拉外挂密封门和外摆门等形式。

车门系统按功能可以分为：司机室侧门、客室门、司机室间隔门，部分 A 型车还配备有逃生门（图 2.1-75）。

（1）司机室侧门系统

司机室侧门的作用是：用于司机或检修人员，在库内、正线、区间和厂段内等站台或线路上、进出司机室。通常司机室门设置于列车司机室两侧，多采用手动开关门的形式。

例如，某市轨道交通 2 号线地铁列车司机室每侧各设置有一

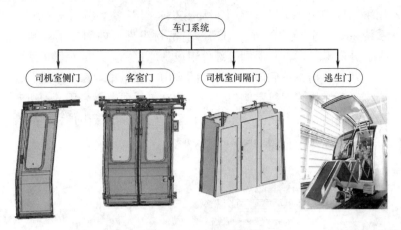

图 2.1-75 车门系统图

套司机室侧门,门系统为手动内藏式门。开门时朝车体与电气柜之间的夹层直线移动。司机室侧门外部采用方孔钥匙锁,内部采

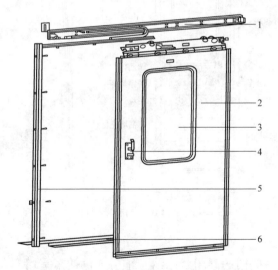

图 2.1-76 司机室侧门主要结构图

1—上导轨组件;2—门页;3—5+11+4(内侧)真空玻璃;4—开门把手;
5—密封组件;6—下导轨

2 地铁电客车系统组成及研究

用手动操作锁,司机室侧门每天开关约 4484 次。其司机室侧门系统主要由上导轨组件、门扇、前密封组件、内门槛下导轨组件、外门槛、上密封毛刷等部件组成。原理图如图 2.1-76 所示。

塞拉式司机室侧门也有不少的应用,以某市地铁 1 号线车辆为例说明塞拉式司机室侧门。该市地铁 1 号线车辆采用的司机室侧门主要由基础安装部分、驱动装置、门板、门板附件、锁闭装置等组成。其结构图如图 2.1-77 所示。

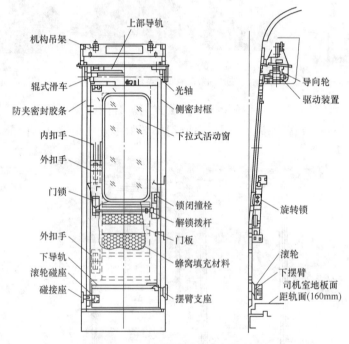

图 2.1-77　塞拉式司机室侧门结构

该市地铁 1 号线一期工程地铁车辆司机室侧门采用手动塞拉门。司机室侧门的开闭状态纳入车门(包括客室门和司机室侧门)全关闭回路中进行管理。只有在车门全关闭、回路建立后,列车才能容许牵引,否则,牵引是被封锁的(图 2.1-78)。

(2) 客室门系统

图 2.1-78　某市地铁 1 号线手动塞拉式司机室侧门图

客室车门在地铁安全运行中起到至关重要的作用。主要功能包括：集控开关门功能（包括车门开、关状态显示）、未关闭好车门的再开闭功能、开关车门的二次缓冲功能、防夹功能（障碍物探测重开门功能），车门故障切除功能（隔离功能）、车门的内、外部紧急解锁功能、车门旁路功能、故障指示和诊断记录功能。并可通过地面设备读取、自诊断功能，零速保护功能等。客室车门在这些功能下，能保障地铁的高速安全有序的运行。

地铁列车的客室车门通常有 3 种：第一种是内藏门；第二种是塞拉门；第三种是外挂门。不同的门有不同的特点，下面简单地介绍一下各个门的特点。

1）内藏门

内藏门的原名叫做"内藏对开式滑门"。在车门开门与关门的时候，内藏门的门页运动在夹层之中，在车辆侧墙的外墙板与内饰板之间。内藏门的左侧门页与右侧门页都是通过钢丝绳来进行连接的。虽然钢丝绳连接的地方不同，但是最终起到的效果是一样的，都是为了使门页在进行钢丝绳的调节时有一定的张合力。另外在门页的上方都有一个锁钩，这个锁钩是为了门关闭时，关闭系统控制锁钩钩住门页上的钩销，以保证内藏门的安全可靠性（图 2.1-79）。

图 2.1-79 某地铁内藏门图

以某型地铁列车的电动双开式内藏门为例,简单介绍内藏门的车门动作原理。电动双开式内藏门进行开/关门动作时,门扇在车辆侧墙的外墙板与内饰板之间的夹层内移动。内藏门主要由门扇、车门导轨、传动组件、门机械锁闭机构、紧急解锁机构及电气控制系统等组成。车门由电子门控单元(Electronic Door Control Unit,简称 EDCU)系统控制,通过驱动电动机、皮带轮、丝杆螺母机构、转臂、导轨等部件的一系列传动实现车门的开关动作。车门关闭后,锁闭系统动作保证车门安全可靠地锁闭。

内藏门优点:驱动机构相对较为简单,质量较轻,手动开、关门所需力量较小,可以适用于大客流的线路,故障率低。

缺点:密封性不好,美观性差。

2) 塞拉门

塞拉门在进行开、关时,开的时候会移动到车外墙的外面。当关闭的时候会和车体保持在同一个水平面上。这样的设计除了在外形上比较美观以外,在车的高速运行中,相对其他门来讲会减小空气的阻力以及车体与空气进行摩擦产生的噪声。在控制塞拉门的开关上,是利用丝杆和螺母对塞拉门产生力的作用,而带动塞拉门开关的。在塞拉门的开关设计系统中,设计了制动装置机械结构。这个结构在塞拉门关闭后,会防止自动开启并且在开启的时候,制动机械结构会用电磁阀进行控制。

塞拉门使用的范围最为广泛，如南宁地铁1号线、广州地铁2号、8号线、马来西亚动车、昆明地铁1号线、宁波地铁1号线等项目。

图2.1-80　南宁地铁1号线司机室塞拉门示意图

塞拉门系统优点：由于车门在关闭状态时，门页外表面与车体侧墙成同一平面，所以使列车外观平滑，整体和谐美观；列车在高速运行时空气阻力小，也不会产生空气涡流而产生噪声；具有良好的密封性能，对传入客室内噪声有较好的屏蔽作用；同时可降低客室空调的能耗；采用塞拉门能使车内有效宽度增加，载客量也会增加。

缺点：由于塞拉门多了一个塞紧动作，结构比较复杂，价格比外挂门约高20%，且故障率高。

3）外挂门

外挂门在设计理念上采用的是模块化设计，所以在安装上同样是模块式安装。在墙的内侧和外侧都要安装相应的部件，外车门以及控制外门的传动的部件都安装在车墙外，但是驱动电动机以及控制单元要安装在车墙内，如图2.1-81。

外挂门的门页、车门悬挂机构以及传动机构的部分部件安装于车体侧墙外侧，电子门控制单元和驱动电动机装于车体侧墙的内侧。外挂门主要由门页；直流驱动电动机；车门悬挂机构；丝杆、螺母机械传动机构和电子门控单元等组成。此外，车门还装有车门关闭行程开关S2、锁闭行程开关S1、切除开关S3以及紧

图 2.1-81 某地铁 1 号线外挂门图

急解锁开关 S4。车门关闭后触发限位开关 S2 和锁闭开关 S1，给出"门锁闭"信号。如果车门出现故障，可以通过方孔钥匙作用于行程开关 S3 将该车门切除。当紧急手柄动作后，触发限位开关 S4，门被紧急解锁，当列车静止或者输出零速信号时，车门才可以手动打开。系统通过电动机驱动丝杆和螺母机械传动机构实现门页的开、关动作。

外挂门的优点：与其他形式的车门相比，采用外挂门形式的列车的车内空间相对较大。

缺点：外挂门由于门翼始终位于车体侧墙的外侧，因此，在车辆运行过程中会产生一定的运行阻力。其次密封性较差，车厢内与隧道间易产生窜风，噪声大，且舒适性差。

结合外挂门的优缺点，下列两种类型的车门对传统外挂门进行了改进。

① 外挂密闭门

广州地铁 A2，A3 型车辆（原广州地铁 2 号线用车及 1 号线，2 号线的增购车）客室车门为外挂门，其密封性较差，易产生车厢内窜风，车门处容易产生刺耳的啸叫声（即口哨声），给乘客带来不适。在车辆进出隧道等外界压力变化时，车内压力随着变化，使舒适性下降。另外由于外挂门密封性差，车辆走行部件产生的噪声很容易传入车内，也影响了乘客的舒适性。

为解决 A2 型车辆外挂门密封性差的问题、并提升车辆舒适性和运营服务水平、广州地铁在 A2 型 5960 号车上将外挂门改造成了外挂密闭门。外挂密闭门是在外挂门的基础上增加 12mm 的向车体内侧塞拉的行程、从而使车门在关闭时、门扇密封胶条和门框紧密贴合、保证了车辆的密封性能、降低了客室的噪声、提高了乘客的舒适度。

门扇由电动机驱动，通过与传动螺母，携门架的连接，实现开启与关闭动作。携门架与导向轮连接，在滑道中运动以实现门扇的横向加纵向的复合运动。

图 2.1-82 是外挂密闭门结构原理图。

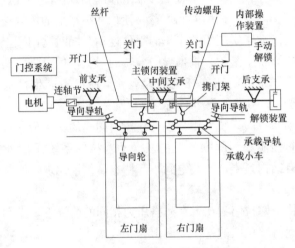

图 2.1-82 外挂密闭门结构原理图

外挂密闭门兼顾了外挂门结构简单的特点、同时密封性能优于传统外挂门、提高了乘客舒适度、同时也降低了能耗。

② 微动塞拉门

微动塞拉门是在传统外挂门的基础上发展起来的，是传统外挂门的延伸。微动塞拉门比外挂门增加了一套四连杆机构实现了门扇的塞拉的运动（图 2.1-83）。

微动塞拉门系统由门扇，机构（包括驱动装置、传动装置、

图 2.1-83　某型装备微动塞拉门的城市轨道交通车辆

承载导向装置、锁闭装置、操作装置等）和控制系统组成。该塞拉门采用外挂式结构，结合了外挂平移门和塞拉门的优点。由驱动装置带动门扇，携门架和摆臂，使承载小车上的承载滚轮在承载轨道内滚动，实现承载小车的平移运动。同时携门架上的导向轮在导向导轨中滚动。根据导向导轨的形状，通过携门架，摆臂和承载小车组成的四连杆机构的运动，使门扇产生摆动，实现 X，Y 方向的两维承载运动完成塞拉动作（图 2.1-84）。

微动塞拉门系统采用与现行塞拉门同样的密封形式，具有相同的密封性能和阻隔噪声性能。微动塞拉门系统采用外挂的形式，具有结构紧凑，安装空间小等特点，重量比现行塞拉门减轻 40~50kg。

与传统塞拉门相比，在防挤压力相同的前提下，微动塞拉门系统将现行塞拉门的塞拉距离由 56mm 减小到 12mm，塞拉导角由 35° 减小到 10°，极大地改善了门系统在关闭过程中的受力状况，使承受乘客的人体阻力反作用的能力大幅度增强，减小了微动塞拉门的塞拉角度，有效地解决了塞拉门在运营中易出现的关门难和夹人的问题。

（3）通道门系统

地铁车辆通道门是司机室通往客室的门页，又称司机室间隔门，主要为乘务人员能及时进入客室处理故障而设置。同时为了避免乘客未经允许进入司机室的情况发生，正常情况下通道门只

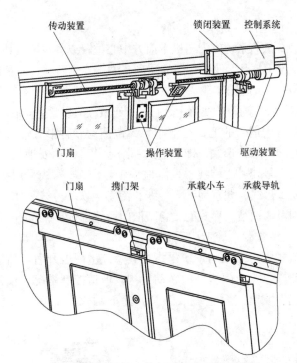

图 2.1-84 微动塞拉门系统的结构示意图

允许在司机室侧打开。比如，广州地铁部分线路两侧未设置疏散平台，若遇紧急事件，需经由通道门疏导乘客从客室进入司机室，通过其内的紧急疏散门逃生至轨道（图 2.1-85）。

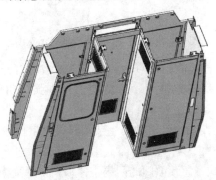

图 2.1-85 司机室贯通道门示意图

(4) 逃生门系统

紧急疏散门系统位于司机室前方中心位置或者一侧，其功能是在紧急情况下打开，使乘客能够从列车两端安全转移，避免或减少乘客的伤亡。《地铁车辆通用技术条件》GB/T 7928—2003 明确规定，在未设安全通道的线路上运行的列车两端应设紧急疏散门。

目前国内运营的地铁车辆紧急疏散门有多种形式，但归纳起来主要有两种结构形式，即坡道式和踏步式。如西安地铁 2 号线、广州地铁 1 号线、广佛线、上海地铁 1 号线、4 号线采用坡道式。武汉地铁 1 号线、北京地铁 5 号线、南京地铁 1 号线采用踏步式。下面分别对两种结构形式的紧急疏散门系统进行具体介绍。

1）坡道式紧急疏散门系统结构

坡道式紧急疏散门系统是指在紧急疏散门展开后，疏散通道为一斜坡，主要由门扇、门转动机构、坡道控制系统、锁、联动装置组成。坡道式紧急疏散门又分为下翻式和上翻式两种（图2.1-86）。

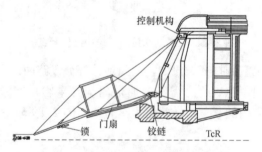

图 2.1-86　坡道式紧急疏散门示意图

坡道式紧急疏散门优点为：在紧急疏散时打开的手动操作步骤较少，操作时间非常短，疏散能力特别强，门扇上可设玻璃窗，司机室瞭望视野非常开阔。

缺点为：结构组织相对较复杂，整体重量比较大，造价高。

① 坡道下翻式紧急疏散门

下翻坡道式紧急疏散门的门扇主体采用铝蜂窝板结构，有玻璃钢外罩，与司机室外有所配合，门扇展开后形成一个小的斜坡，斜坡面上铺设有砂布起到较好的防滑功能，以保证乘客的安全，门扇作为疏散通道使用，门扇上不能安装玻璃窗（图2.1-87）。

图2.1-87　广州地铁1号线坡道下翻式紧急疏散门图

门转动机构采用特殊材料铰链安装于门扇下部，作为紧急疏散门打开时的旋转机构。坡道控制系统安装于门框顶部用做控制门扇打开速度，及扶手的展开，使坡道能平顺的展开，并在坡道上提供乘客下车时的梯子扶手。门锁结构、列车的司机室均设有可打开的机械锁，在疏散门需要打开时解锁门扇。连锁装置目的是确保在列车运行过程中疏散门不会自动打开，以保证行车安全。

② 坡道上翻式紧急疏散门

上翻式结构原理基本类同于下翻式，主要不同之处在于疏散门在把手脱离锁位后，疏散门在气弹簧的作用下向上翻起。逃生梯展开操作时，顺时针旋动解锁旋钮，使锁舌缩回，坡道解锁，用手在坡道上部的把手处轻推坡道，把坡道推出车外，坡道即可自动展开为一个由车头至铁轨面的疏散通道。对于紧急疏散门上翻后，疏散人员不对疏散门玻璃造成损坏，比起下翻式，可以在车辆的疏散门上安装玻璃，增加司机室亮度，以及视野范围（图2.1-88）。

2) 踏步式紧急疏散门结构

踏步式紧急疏散门系统是指在紧急疏散门展开后，疏散通道为台阶或梯子形式，主要反倒是 由紧急疏散门和疏散梯两部分组成，其中疏散门由门扇、空气弹簧、门锁、门状态指示开关、

图 2.1-88　广州地铁 2 号线坡道上翻式紧急疏散门图

铰链等零部件组成。疏散梯由梯子、扶手等零部件组成。其结构如图 2.1-89、图 2.1-90 所示。

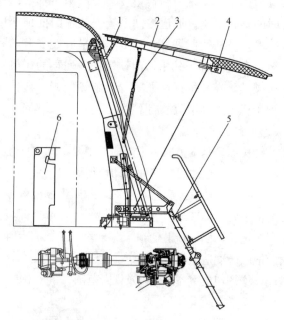

图 2.1-89　踏步式紧急疏散门图
1—铰链；2—门扇；3—空气弹簧；4—门锁；
5—疏散梯；6—疏散梯保护罩

图 2.1-90 南京地铁 1 号线踏步式紧急疏散门图

门扇主要由铝合金骨架和玻璃钢外罩组成。玻璃钢外罩上安装双层安全玻璃窗，周边安装密封橡胶条。铰链采用高强度的合金钢制成，把门扇连接到车体骨架上，同时作为门扇的转轴。空气弹簧提供门打开时的动力，门扇打开后作为门扇的支撑。疏散梯有两种结构形式，即台阶式和梯子式。台阶式疏散梯采用铰接结构，紧急疏散门关闭状态下疏散梯能折叠在一起。梯子式疏散梯采用伸缩结构，紧急疏散门关闭状态下疏散梯缩回在一起。

踏步式紧急疏散门系统优点为：结构简单，重量较轻，造价低。

缺点为：在紧急疏散时打开的操作步骤多，操作时间长，门扇上不能设玻璃窗，司机室视野较差。

3. 门系统拆分

（1）司机室侧门拆分

司机室侧门位于列车两端的司机室两侧，整列车每侧两个，共计 4 个。司机室侧门要求可以保证司机的安全进出，且可以将

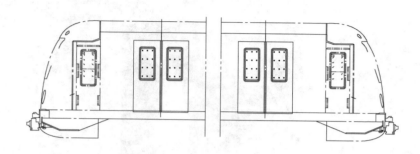

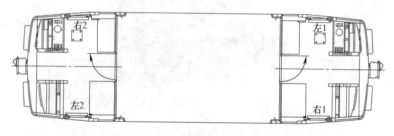

图 2.1-91 司机室侧门布置图

物理,热和噪声与外部隔开(图 2.1-91)。司机室侧门开关门采用手动的形式,由司机通过钥匙解锁后旋转门锁把手手动开关门,司机室侧门部件见图 2.1-92。

门系统由门扇、上导轨安装、承载机构、门槛压条组装等零部件组成。上导轨安装用于连接承载机构与车体;承载机构用于门扇重量的承载导向作用;前、后门框组件与门扇的周边胶条配合,保证门扇的防水密封性;门槛表面设有防滑槽,以方便乘客出入,司机室门系统见图 2.1-93、表 2.1-42。

1)门扇

门板为铝蜂窝复合结构,具有铝框架。铝蒙板和铝蜂窝芯采用热固化。为加强机械强度,蒙板的周边都包在铝框架上。除了一些必要的,用于支撑门板和实现门板导向运动的部件外,门板内表面是平的。门板前挡装有胶条,以实现门的周边密封。胶条的烟火特性符合 DIN5510—2009 德国标准(图 2.1-94)。

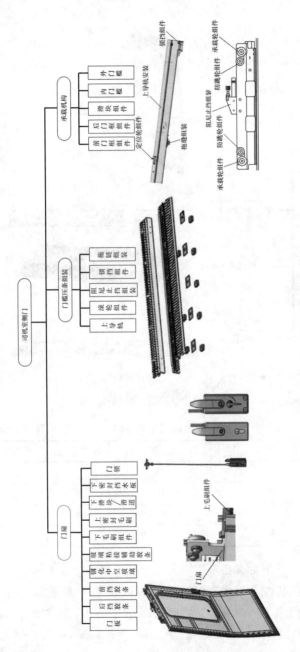

图 2.1-92 司机室侧门部件

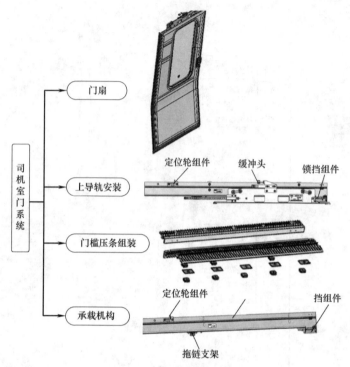

图 2.1-93 司机室侧门系统

司机室侧门系统部件 表 2.1-42

一级部件	序号	二级部件	数量	备注
司机室门系统	1	门扇	1	
	2	上导轨安装	1	
	3	门槛压条组装	1	
	4	承载机构	1	

门扇上、下部采用毛刷密封。上部毛刷安装在车体上,毛刷安装后与门板配合形成密封,如图 2.1-95（a）所示。门扇下毛刷密封与门扇下挡内外安装减磨条,外门槛配合形成密封,如图 2.1-95（b）所示。

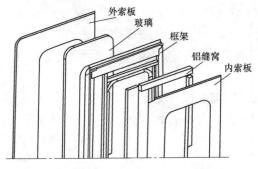

图 2.1-94　门扇结构示意图

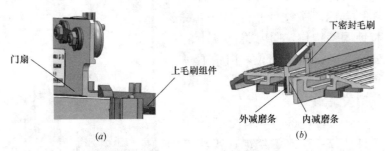

图 2.1-95　门扇毛刷结构示意图

门板前挡胶条为凸形结构胶条。前门框胶条为凹形结构胶条，当门关闭时前挡胶条插入前门框胶条，增强密封效果，如图 2.1-96（a）所示。后挡胶条，在门关闭时，与车体型材面贴合，

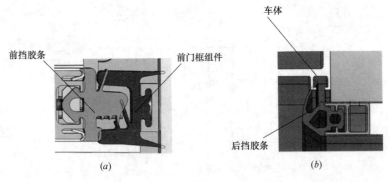

图 2.1-96　门扇胶条结构示意图

实现密封,如图 2.1-96(b)所示。胶条材料为黑色 EPDM (三元乙丙)橡胶,胶条的烟火毒性能符合 DIN 5510 德国标准,机械性能符合《车辆门窗橡胶密封条》HG/T 3088—1999 标准。

门锁安装门扇上,与安装在承载机构上的锁挡实现锁闭门系统功能。门锁采用内外把手,通过扳动把手来实现解锁,门锁具有保险功能。

关门时,将门向关闭方向推进,锁钩撞击锁闭销,锁钩过锁闭死点后,锁钩通过自复位扭簧将锁闭销钩住,同时将门锁上的安全锁扣打至锁闭位,门锁通过钢丝绳拉紧锁钩,防止锁钩弹开,侧门关闭。

开门时,将门锁安全锁扣转至打开位,释放钢丝绳,转动门把手使钢丝绳拉开锁钩,锁钩脱离锁闭销,侧门打开。

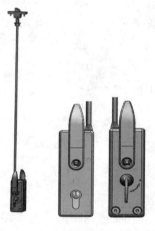

图 2.1-97 门扇门锁结构示意图

门扇结构及部件见图 2.1-97、图 2.1-98、表 2.1-43。

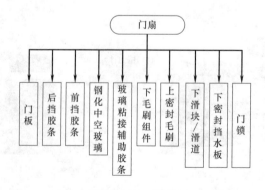

图 2.1-98 门扇

门扇部件　　　　　表2.1-43

二级部件	序号	三级部件	数量	备注
门扇	1	门板		
	2	后挡胶条		
	3	前挡胶条		
	4	钢化中空玻璃		
	5	玻璃粘接辅助胶条		
	6	下毛刷组件		
	7	上密封毛刷组件		
	8	下滑道/滑块		
	9	下密封挡水板		
	10	门锁		

2) 承载机构

承载机构由上导轨、滚轮组件、阻尼止挡组装、锁挡组件、拖链组装等组成，如图2.1-99、表2.1-44。

上导轨通过螺钉安装在车体上，起到导向与承载的作用（图2.1-100）。承载机构通过安装在门扇上挡上的滚轮组件，包括承载轮组件和防跳轮组

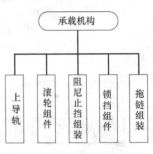

图2.1-99　承载机构

件。用以承受门板的重量，并起开门和关门过程中导向的作用。上导轨采用圆弧面设计，能自动适应安装过程中出现的倾斜，承载轮组件和防跳轮组件的滚轮轴采用偏心结构，方便调节门板的高度位置和消除携门架在上部导轨中运动的间隙。

滚轮组件包括承载轮组件和防跳轮。承载机构安装在门扇的上挡上，承载轮组件与防跳轮组件带动门扇在导轨上运动，实现开、关门功能（图2.1-101）。

阻尼止挡组装安装在门扇上部，与机构上的定位轮组件调整门的开门位置。

承载机构部件　　　　　　　表 2.1-44

二级部件	序号	三级部件	数量	材料	备注
承载机构	1	上导轨	1	金属	
	2	滚轮组件	1	橡胶	
	3	阻尼止挡组装	1	橡胶	
	4	锁挡组件	1	金属	
	5	拖链组装	1	塑料	

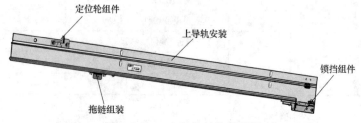

图 2.1-100　上导轨结构示意图

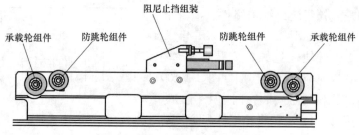

图 2.1-101　滚轮组件结构示意图

锁挡组件与安装在门扇上的门锁实现车门的锁闭功能（图 2.1-102）。

拖链支架用于安装接地线用拖链，一头连在上导轨上，另外一头连接在门扇上。

3）门槛压条组装（图 2.1-103、表 2.1-45）

门槛压条组装主要包括门框、门槛。

（2）客室门拆分

以某地铁 6 辆车编组 B 型车为例。该线采用某公司的电动双扇塞拉门。当门完全关闭时，门扇与车辆的外表面平齐。开门时，门扇一开始就进行横向＋纵向的复合运动，然后沿着车体侧面滑动直到完全打开的位置。

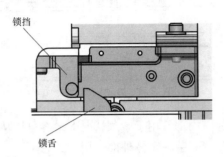

图 2.1-102　锁挡组件结构示意图　　图 2.1-103　门槛压条组装

门槛压条组装部件　　表 2.1-45

二级部件	序号	三级部件	数量	材料	备注
门槛压条组装	1	前门框组件	1	金属	
	2	后门框压条	1	金属	
	3	滑块组件	10	金属	
	4	内门槛	1	金属	
	5	外门槛	1	金属	

每节车配置8套客室侧门。每辆车两侧各布置4套客室侧门。其中3节车组成一个功能单元，每个单元的带司机室的头车方向为该单元的前方，前方的左侧为该单元的左侧，前方的右侧为该单元的右侧。左侧客室侧门从前向后编号分别为1、3、5、7；右侧客室侧门从前向后编号分别为2、4、6、8（图2.1-104）。

同一辆车上主要有3种形式的客室侧门。分别为：①3、6号门：带紧急出口装置，带紧急入口装置的车门；②2、7号门：带紧急出口装置，不带紧急入口装置的车门；③1、4、5、8号门：不带紧急出口装置，不带紧急入口装置的车门。

车辆布置图

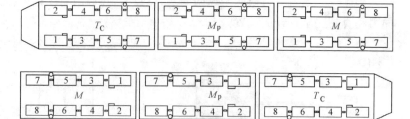

图 2.1-104 客室侧门的位置图

紧急出口装置安装在客室内部,用于紧急情况下乘客可以从内部打开车门。紧急入口装置安装在车体外部,用于紧急情况下救援人员可以从外部打开车门。

客室门系统主要由接口部件、门扇、门控器组装、承载驱动机构、下摆臂组装、平衡轮组装、紧急解锁装置、门关锁到位开关、门隔离装置 9 大部分组成,见图 2.1-105~图 2.1-108、表 2.1-46。

1) 接口部件

接口部件主要包括:机架与挂架、上压条与左右侧压条、门槛嵌块等部件。其中安装架用于顶部机构与车体之间的连接;上压条、左右侧压条与门扇的周边胶条配合,保证门扇的防水密封性;门槛嵌块与安装在每扇门板的前沿下部的下挡销啮合,以实现关着的门的挠度要求(图 2.1-109、表 2.1-47)。

机架与挂架是车门最重要的定位安装部件,用于承载驱动装置与车体之间的连接,同时也作为一些线缆,端子等设备的定位安装座(图 2.1-110)。机架直接与车体连接,挂架安装在机架上。挂架共有 3 个,两个边挂架和一个中间挂架,用于安装短导柱。

上压条安装在车体门框顶部,左右侧压条安装在车体门框两侧,与门扇的周边胶条配合,保证门扇的防水密封性。门槛用 8 个内六角沉头螺钉将嵌块和门槛固定在车体地板上,同时用螺纹

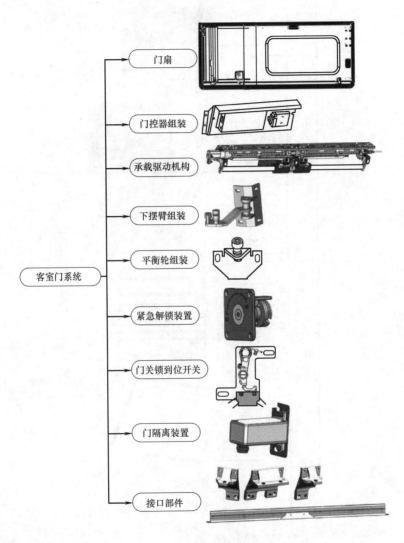

图 2.1-105　客室门系统部件（一）

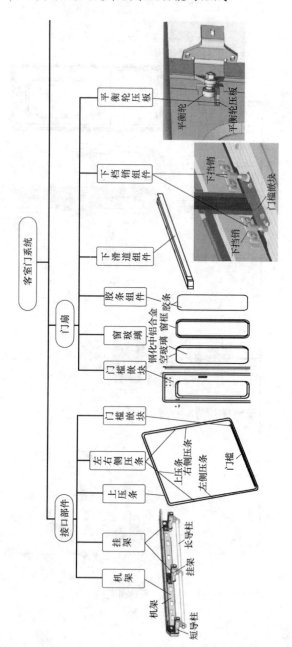

图 2.1-106 客室门系统部件（二）

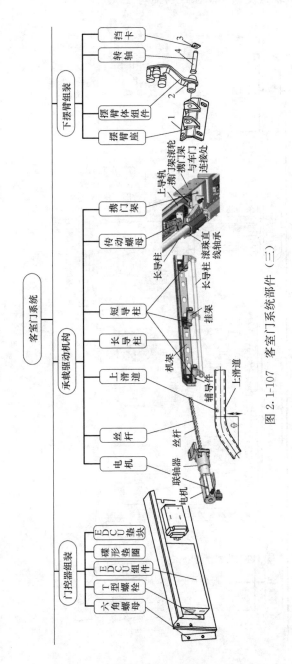

图 2.1-107 客室门系统部件（三）

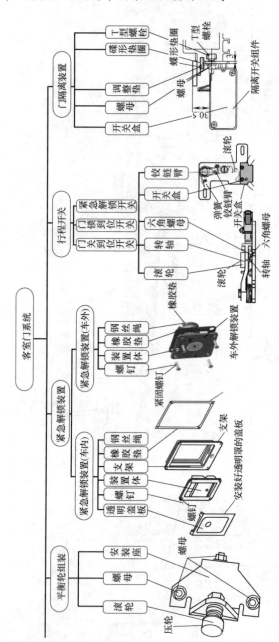

图 2.1-108 客室门系统部件（四）

锁固胶锁固。门槛安装时，对称中心线与门框中心线对齐，同时要求门槛侧面与左右侧压条外侧面平齐（图 2.1-111、图 2.1-112）。

客室门系统部件　　　　　　　表 2.1-46

一级部件	序号	二级部件	数量	备注
客室门系统	1	门扇	2	铝蜂窝板
	2	门控器组装	1	
	3	承载驱动机构	1	
	4	下摆臂组装	2	
	5	平衡轮组装	2	
	6	紧急解锁装置	1	
	7	门关锁到位开关	1	
	8	门隔离装置	1	
	9	接口部件	1	

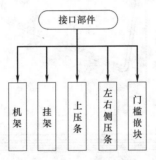

图 2.1-109　接口部件

接口部件数量　　　　　　　表 2.1-47

二级部件	序号	三级部件	数量	备注
接口部件	1	机架	1	
	2	挂架	1	
	3	上压条	1	
	4	左右侧压条	1	
	5	门槛嵌块	1	

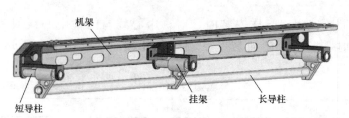

图 2.1-110　机架与挂架示意图

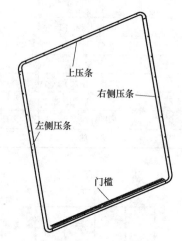

图 2.1-111　压条示意图

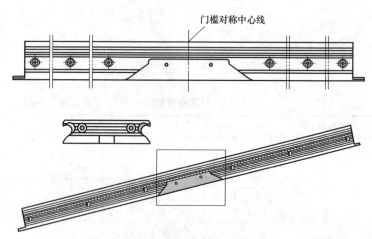

图 2.1-112　门槛嵌块示意图

2) 门扇

门扇主要由门板、窗玻璃、胶条组件、下滑道组件、下挡销组件、平衡轮压板等组成（图2.1-113、表2.1-48）。

门板为铝蜂窝复合结构，由铝框架、铝蒙板和铝蜂窝芯组成，采用热固化，如图2.1-114所示。为加强机械强度，蒙板的周边都包在铝框架上。除了一些必要的，用于支撑门板和实现门板导向运动的部件外，门板内表面是平的。

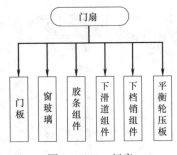

图 2.1-113　门扇

门扇部件　　　　　　　　　表 2.1-48

二级部件	序号	三级部件	数量	备注
门扇	1	门扇	1	铝蜂窝板
	2	窗玻璃	1	
	3	胶条组件	1	
	4	下滑道	1	
	5	下挡销组件	1	
	6	平衡轮压板	1	

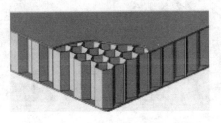

图 2.1-114　铝蜂窝复合结构示意图

客室门窗玻璃为中空钢化玻璃，固定在铝合金窗框里，窗框通过胶条粘接到门板上并与门板的外表面平齐（图2.1-115）。玻璃的应粘贴有合格标记，钢化玻璃满足《铁道车辆用安全玻璃》GB 18045，中空玻璃满足《中空玻璃标准》GB/T 11944—2002。

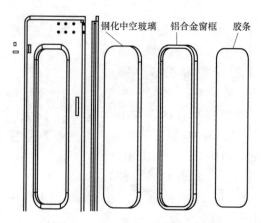

图 2.1-115　客室门窗结构示意图

门板周边装有胶条，包括上挡海绵胶条、下挡海绵胶条、周边胶条等，以实现门的周边密封（图 2.1-116）。门板前沿装有护指胶条，一个特殊的中空胶条，以防夹住障碍物。胶条的烟火特性符合 NFF 16—101 标准。

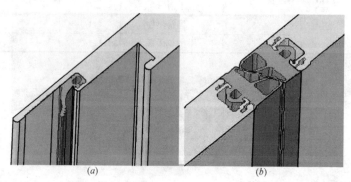

图 2.1-116　胶条
(a) 周边胶条；(b) 与护指胶条

下滑道安装在每扇门扇的底部，为不锈钢材质。下滑道与安装在车体结构上的滚轮摆臂装置啮合，以实现每扇门扇底部的导向运动（图 2.1-117）。

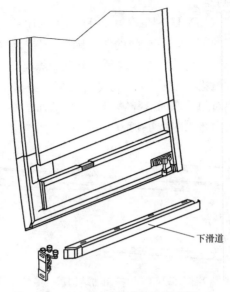

图 2.1-117 下滑道结构示意图

下挡销安装在在每扇门板的前沿下部,该挡销与门槛上的挡块啮合以实现关着的门的挠度要求。并可以防止车门在列车运行过程中,由于乘客的挤压而向外推开(图 2.1-118)。

平衡轮压板安装在门页上部,靠近客室一侧(图 2.1-119)。在关门状态时与平衡轮啮合,防止垂直向上力使门页发生位移。

图 2.1-118 下挡销结构示意图

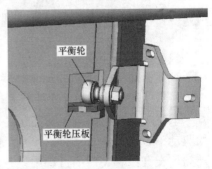

图 2.1-119 平衡轮压板结构示意图

3）门控制器

门控制器（EDCU，Electronic Door Control Unit）是控制车门各种功能的部件，是车门的"大脑"。门控器根据列车控制信号和门驱动机构上的元件（关到位开关、隔离开关、锁到位开关等）反馈的状态信息向电动机发出指令，控制车门开启或关闭，同时实现对门状态的监控功能。门控器通常安装在相应车门旁的侧顶板的内侧（图2.1-120）。

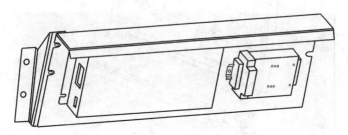

图2.1-120 门控制器结构示意图

每套客室侧门均带有门控制器，每列车的1、2号门的门控制器为主门控制器（MEDCU），每列车的3~8号门的门控制器为本地门控制器（LEDCU）。6个LDCU通过CAN总线与MDCU相连，2个MDCU与MVB总线相连，一个MDCU用于与列车控制系统进行数据交流（控制信号、状态信号、诊断信号），另一个MDCU则作为主控冗余，在前一MDCU故障的情况下接管主控功能。门控器实现的功能逻辑图如图2.1-121、图2.1-122、表2.1-49。

4）承载驱动机构

承载驱动机构包括电动机、丝杆、上滑道、携门架、长、短导柱、传动螺母、短导柱部件组成（图2.1-123、表2.1-50）。

承载驱动机构的主要功能是：承载门页的重量；在电动机的驱动下，通过丝杆-螺母传动，上下导轨导向，由携门架带动门扇在开门和关门的过程中实现门扇的外摆和平移运动（图2.1-124）。

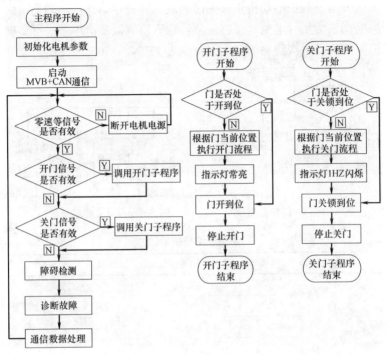

图 2.1-121 门控器功能逻辑图

门控制器部件　　　　　　　　表 2.1-49

二级部件	序号	三级部件	数量	备注
门控制器	1	EDCU 组件	1	
	2	T 形螺栓	4	M10×65
	3	碟形垫圈	4	10
	4	六角螺母	4	M10
	5	EDCU 垫块	2	

　　客室门电动机采用直流无刷电动机,通过联轴器与丝杆相连(图 2.1-125)。在没有开门允许信号,或列车处于运行状态时,电动机将施加 300N 的关门力,以阻止车门被外力打开。同时,电动机与门控器通过监控电动机的电流来实现障碍物防夹功能。

每次关门过程中电动机正常关门电流曲线被存储并自动调整,如果电动机的实际电流超过额定值,障碍检测被激活。车门可实现三次防夹,每次防夹的最大力分别为160N、190N、210N。

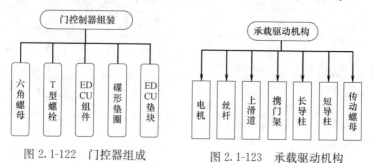

图 2.1-122 门控器组成　　　　图 2.1-123 承载驱动机构

承载驱动机构部件　　　　表 2.1-50

二级部件	序号	三级部件	数量	备注
承载驱动机构	1	电动机	1	
	2	丝杆	2	
	3	上滑道	2	
	4	携门架	2	
	5	长导柱	2	
	6	短导柱	3	
	7	传动螺母	2	

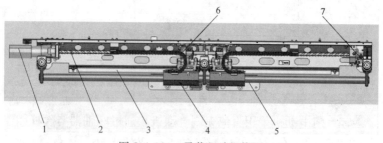

图 2.1-124 承载驱动机构图

1—电动机;2—丝杆;3—上滑道;4—携门架;
5—长导柱;6—传动螺母;7—短导柱

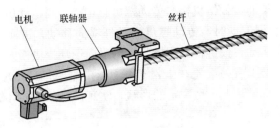

图 2.1-125 电动机示意图

对于常见的双页客室门,丝杆旋向一半是右旋,一半是左旋(图 2.1-126)。丝杆通过端部支撑,中部支撑安装在机架上。丝杆与电动机的通过联轴器实现安装与定位。

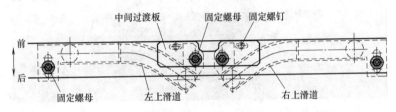

图 2.1-126 丝杆示意图

长导柱安装在 3 个挂架上,3 个挂架分别在 3 根短导柱上移动,3 根短导柱安装在机架上与车体连接。长导柱为门的纵向移动提供自由度并保证在开关门过程中门板与车体平行。短导柱承受门板的重量并为门提供横向移动自由度(图 2.1-127)。

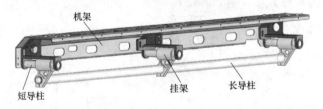

图 2.1-127 长、短导柱示意图

携门架通过 4 个螺钉安装在门扇上,将门扇的所有重量和动力传送给长导柱。携门架通过滚珠直线轴承在长导柱上滑动。它将驱动力力从机构传送到门扇。

携门架通过铰链机构与传动螺母相连接,当电动机带动丝杆-螺母运动副运动时,传动螺母沿丝杆横向移动,进而带动携门架做横向运动。铰链机构为携门架的纵向运动提供横向自由度。

携门架上有一滚轮在上滑道里运动(图2.1-128)。上滑道安装在顶部机构上,呈一定的形状,实现门扇的横向和纵向运动的导向功能。

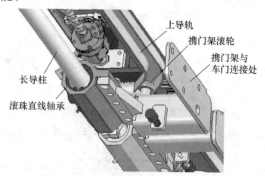

图2.1-128 携门架示意图

5)下摆臂组装

下摆臂组件作为塞拉门系统的重要组成部件,通过滚轮与门扇的下滑道结合在一起,在门页开关过程中起着重要的导向作用,且下摆臂的运动受其上三个滚轮位置的限制。在单个客室门系统中,主要有左右两个下摆臂组装机构,这两个左右摆臂组装机构为对称分布(图2.1-129、图2.1-130、表2.1-51)。

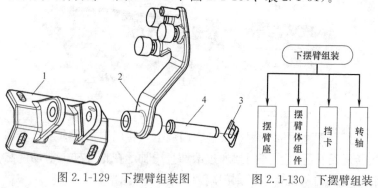

图2.1-129 下摆臂组装图　　图2.1-130 下摆臂组装

下摆臂组装　　　　　　　　表 2.1-51

二级部件	序号	三级部件	数量	备注
下摆臂组装	1	摆臂座	1	
	2	摆臂体组件	1	
	3	挡卡	1	
	4	转轴	1	

下滑道安装在门扇上，一个安装在车体结构上的滚轮摆臂装置与该滑道啮合，以提供所要求的导向运动。该导向部件仅承受横向力，不承受纵向或垂向力。

6) 平衡轮组装

平衡轮组装作为塞拉门系统的重要组成部件，是门扇的四个定位点之一，其他定位点分别是携门架、下滚轮摆臂和车门挡销（图 2.1-131、图 2.1-132、表 2.1-52）。在每扇门板上部的后沿，与一个安装在机构上的平衡轮装置在关门位置上啮合，以防止由于任何可能的垂直向上力使门板偏移。车门关紧后，门扇受到这四点的压紧力作用，使系统在承受较大外力作用时，仍能保持关紧状态，而不至发生门扇变形和脱落的现象。

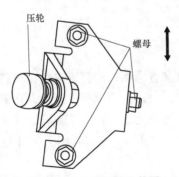

图 2.1-131　平衡轮组装图

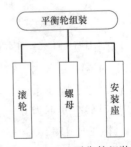

图 2.1-132　平衡轮组装

7) 紧急解锁装置

列车紧急解锁装置，又称列车紧急开门装置，该装置的作用是在紧急情况下打开列车车门。紧急解锁装置分为车内解锁装置和车外解锁装置。车内解锁装置在列车客室内部,安装在列车门两侧位置,供客室人员从客室内打开车门;车外解锁装置位置安装在列车客室外侧,主要用于车辆工作人员从车外进入客室的时打开车门(图2.1-133)。

平衡轮组装部件 表2.1-52

二级部件	序号	三级部件	数量	备注
平衡轮组装	1	滚轮	1	
	2	螺母	2	M5×20
	3	安装座	1	

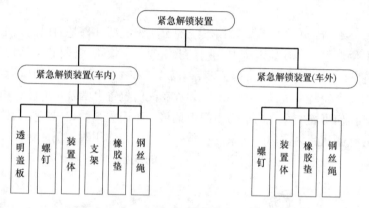

图2.1-133 紧急解锁装置

以国内某型地铁列车内解锁装置为例,此装置安装在车门立柱罩上的透明罩板内。需要操作时打碎透明罩板或通过方孔钥匙开盖板,拉下操作手柄。若列车速度为0,乘客可以手动打开车门;若列车速度不为0,则需要不小于300N的开门力才能打开车门(图2.1-134)。

车门内紧急解锁装置的工作原理是,手柄通过拉线盘带动钢丝绳,钢丝绳与驱动装置中的丝杆的端部解锁组件连接,带动丝杆转动,完成解锁功能。为便于人员操作,手柄的操作力≤100N(图2.1-135、表2.1-53)。

图 2.1-134　车门内解锁装置示意图

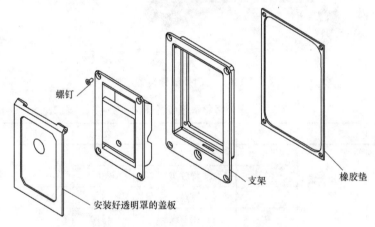

图 2.1-135　车门内解锁装置结构图

车内紧急解锁装置部件　　　　表 2.1-53

二级部件	序号	三级部件	数量	备注
紧急解锁装置（车内）	1	装置体	1	
	2	透明盖板	1	
	3	支架	1	
	4	橡胶垫	1	
	5	螺钉	4	M5×20
	6	钢丝绳	1	1

2　地铁电客车系统组成及研究

车外紧急解锁装置工作时的动作原理与车内紧急解锁装置基本相同,具体形式有拉下手柄或转动方孔锁。通常车外紧急解锁装置转动力矩≤10N·m(图2.1-136、表2.1-54)。

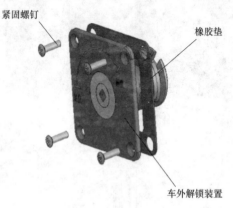

图 2.1-136 车门外解锁装置结构图

车外紧急解锁装置部件　　　　　　表 2.1-54

二级部件	序号	三级部件	数量	备注
紧急解锁装置（车外）	1	装置体	1	
	2	橡胶垫	1	
	3	螺钉	4	M5×20
	4	钢丝绳	1	

8) 行程开关

与监控车门状态有关的行程开关有门关到位开关、门锁到位开关、紧急解锁开关(图 2.1-137、图 2.1-138、表 2.1-55)。门隔离开关在"门隔离装置"部分介绍。

每套客室车门机构有一个 S4 行程开关,称为门关到位开关。每节车同一侧的四扇车门 S4 行程开关串联起来,形成车门安全回路。当其中任意车门未关好或打开时,该节车的安全回路断开,列车无法牵引启动,从而起到安全防护的作用。

每套客室车门有一个 S1 行程开关,称为门锁到位开关。其

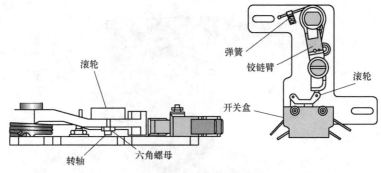

图 2.1-137 行程开关结构图

外观状态与 S4 开关一致,只有安装位置与方向不用。通过该行程开关的状态来判断车门是否锁到位,该开关同样与车门安全互锁回路串联。

每套客室车门有一个 S3 行程开关,称为紧急解锁开关(图 2.1-139)。该开关与锁到位开关,关到位开关串联构成了列车安全互锁回路,把车门安全互锁信号提供给司机室。工作原理为:紧急解锁装置的端部凸轮转动,与 S3 行程开关相互动作。当紧急解锁装置未拉动的情况下,凸轮按压行程开关,开关处于常闭状态;拉动后凸轮转动,行程开关松开,完成动作。

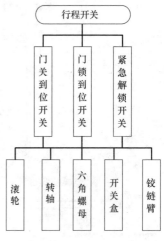

图 2.1-138 行程开关

行程开关部件　　　　　　　　表 2.1-55

二级部件	序号	三级部件	数量	备注
行程开关	1	开关盒	1	
	2	铰链臂	1	
	3	转轴	1	
	4	滚轮	1	
	5	六角螺母	1	

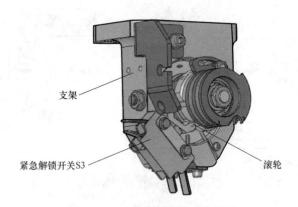

图 2.1-139 紧急解锁装置示意图

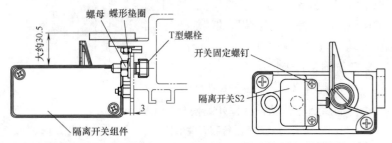

图 2.1-140 门隔离装置示意图

9）门隔离装置

门隔离装置是作用使出现故障的车门不再开启或关闭，待列车回库之后再进行维修。门隔离装置安装在每套客室门的右门扇内侧，有"隔离"和"复位"两个工作位。当处于"隔离"位时,电子门控器会关闭该门的所有功能,并使车门切除指示灯(红色)常亮(图2.1-140、图2.1-141、表2.1-56)。

2.1.6 客室内装

1. 系统简介

地铁车辆的内部装饰(以下简称内装)是保证乘客舒适性的一部分,它一般是指车体钢结构

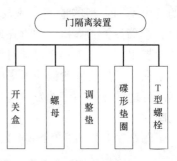

图2.1-141 门隔离装置

以内到内墙板,内顶板及地板布所包络的各部件,它不仅要求有良好的隔声、隔热的性能,而且要求造型美观,色彩新颖,以便为乘客创造良好的乘坐条件。另外还选用不燃、阻燃、少烟、低毒的材料,以保证乘客的安全。内装结构按照功能,安装位置主要分为:中顶板、侧顶板、侧墙和门立柱罩、客室座椅、立柱扶手、客室端墙及电气柜、地板布、司机室隔墙及电气柜、司机室顶棚、司机室侧墙、司机室座椅、头罩及导流罩和前窗玻璃等几大部件。内装设计需要考虑车体结构和车内设备之间的连接关系,进行总体优化。

门隔离装置部件 表2.1-56

二级部件	序号	三级部件	数量	备注
门隔离装置	1	开关盒	1	
	2	调整垫	2	
	3	T形螺栓	2	M8×30
	4	螺母	2	M8
	5	碟形垫圈	2	

2. 内装设计发展

我国地铁车辆内装设计处于起步阶段,国内关于这方面研究较少。在车辆设计制造领域,内装设计代表人物有辛成瑶、张永,他们对上海地铁明珠线二期工程和上海地铁1号线扩建工程

的两个不同类型的地铁车体及内装设计进行了比较研究。王映晟、李瑞淳关于人机工程学在地铁客车内装中的重要作用予以阐述，提出了人机工程学设计时使用人体百分位数的几项原则，提出了在设计的不同阶段应考虑的人机工程学。支锦亦和徐伯初对国内外地铁客车内装的发展趋势和人性化环境的营造，进行了理论阐述。

图 2.1-142～图 2.1-144 为有代表性的客室内装。

图 2.1-142　某地地铁 6 号线内装图

图 2.1-143　某地地铁 2 号线内装图　　图 2.1-144　某地地铁 1 号线内装图

3. 内装拆分

下面以国内某型地铁 B 型车的内装系统为例对内装系统进行分析。该地铁项目内装设计在总体布局上具有现代美学观点，全车采用完全协调一致的颜色和质地，适合于乘客群体的人机工程学设计，满足乘坐安全舒适的要求。全车使用难燃或不燃的材料，按照 DIN 5510 德国防火标准进行设计；在安装固定方面尽量使用不显眼的紧固件及配件,保证安装牢固可靠,材料经久耐用,易于保养和清洁,并且具有良好的密封及防水,防尘效果。设计车辆时,在易磨损部位采用较高耐久性的表面喷漆,降低磨耗的影响;所有非金属材料均采取防火阻燃处理,以防止火灾发生。内装结构主要分为客室内装和司机室内装。

(1) 客室内装拆分

客室内装结构主要包括:中顶板、侧顶板、门立柱罩、侧墙板、客室侧窗、客室座椅、立柱扶手、客室端墙及电气柜、地板布(图 2.1-145、表 2.1-57)。

图 2.1-145 客室内装示意图

客室内装部件　　　　　　　　表 2.1-57

一级部件	序号	二级部件	数量	备注
客室内装	1	中顶板	9	铝蜂窝板
	2	侧顶板	若干	铝型材
	3	门立柱罩	16	玻璃钢
	4	侧墙板	1	玻璃钢
	5	客室侧窗	6	中空玻璃
	6	客室座椅	若干	铝
	7	立柱扶手	若干	铝
	8	客室端墙及电气柜	若干	铝蜂窝板
	9	地板布	若干	橡胶

1) 中顶板

中顶板是车辆内部顶板重要的装饰结构,并为摄像头等提供安装接口。中顶板主要由出风格栅、中顶板组成(图 2.1-146、图 2.1-147)。

图 2.1-146 中顶板示意图

图 2.1-147 中顶板安装位置示意图

国内某型地铁电客车的中顶板采用 6mm 铝蜂窝板,蜂窝板周边采用铝型材框架,表面油漆喷涂处理,颜色按美工效果要求选择,保证了全车美工效果的协调统一。中顶板与中顶板之间相互插接固定。中顶板通过不锈钢螺栓与纵梁连接在一起,沿车辆中心左右对称,中顶板离地板面高度为 2100mm。

出风格栅为铝型材,表面油漆喷涂处理,颜色与中顶板协调一致。出风格栅一侧插接在中顶板上,另一侧通过螺栓紧固在纵梁上。中顶板的安装螺栓设在插接位置,防止安装螺栓外露。部分中顶板还安装有回风格栅,回风格栅为铝型材制成,安装在中顶板上,沿车体中心对称分布,与中顶板形成一整体,中顶板部件见表 2.1-58。

中顶板部件　　　　　表 2.1-58

二级部件	序号	三级部件	数量	备注
中顶板	1	中顶板	9	铝蜂窝板
	2	出风格栅	16	铝型材

2) 侧顶板

侧顶板主要是客室侧墙到顶部的过渡机构。侧顶板由挤压成型的铝合金型材制成,一侧采用铰链连接在纵横梁型材上,另一侧由锁固定,以方便门机构和车内布线的检修。侧顶板主要分为门驱侧顶板、窗区侧顶板、固定板以及端部侧顶板(图 2.1-148～图 2.1-150、表 2.1-59)。侧顶板设有铰链,7mm 方孔锁,以便检修门驱机构,照明电源灯车辆内部设备。侧顶板表面油漆喷涂处理。侧顶板上安装有安全锤,扬声器,动态地图等设备。

图 2.1-148　侧顶板外形及安装位置示意图

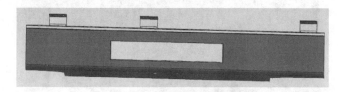

图 2.1-149　门驱侧顶板示意图

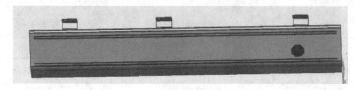

图 2.1-150　窗区侧顶板示意图

侧顶板部件　　　　表 2.1-59

二级部件	序号	三级部件	数量	备注
侧顶板	1	门驱侧顶板	8	铝合金型材
	2	窗区侧顶板	6	铝合金型材
	3	固定板	14	铝合金型材
	4	端部侧顶板	2	铝合金型材
	5	铰链	若干	
	6	7mm 方孔锁	若干	

3）门立柱罩

门立柱罩位于门的两侧，用于侧墙和门之间的过渡。门立柱罩上预留紧急解锁和紧急对讲的安装接口，用于安装紧急解锁装置或紧急对讲装置（图 2.1-151、表 2.1-60）。以 M/Mp 车为例，按照功能分，门立柱罩共 3 种，分别为：门立柱罩、门立柱罩（紧急对讲）、门立柱罩（紧急解锁）。它为聚酯玻璃钢整体模具成型，可通过插接与螺栓紧固，可方便拆装。门立柱罩还包括了安装在门立柱罩的扶手。

图 2.1-151　门立柱罩安装位置

门立柱罩部件　　　　　　　　表 2.1-60

二级部件	序号	三级部件	数量	备注
门立柱罩	1	门立柱罩	4	聚酯玻璃钢
	2	门立柱罩（紧急对讲）	4	聚酯玻璃钢
	3	门立柱罩（紧急解锁）	4	聚酯玻璃钢

4）侧墙板

客室侧墙板位于车辆的两侧，侧墙板上预留 LCD 屏和广告框的安装接口，侧墙板还为侧窗留出安装空间。侧墙板主体为玻璃钢，嵌件材质为铝蜂窝或铝型材。客室侧墙板共 2 种，分别为：中间侧墙板和端部侧墙板。中间侧墙板是有窗口的侧墙板，端部侧墙板为安装在每节车端部的侧墙板。侧墙板采用玻璃钢材料整体成型，设有 LCD 和广告框的安装接口。侧墙板上、下、两侧通过支撑过渡安装到车体侧墙的 C 型槽上。在侧窗两侧,侧墙板通过工业搭扣粘贴在车体侧墙上。

国内某型地铁列车侧墙板表面色调处理与端墙板,顶板协调。侧墙板的整体和窗口处根据窗的结构整体成型,取代窗饰框。侧墙板通过螺钉固定到背面的铝型材上,侧墙板与钢结构之间的空隙用玻璃丝棉填充,保证整车具有良好的隔声、隔热性能。侧墙整体整洁、美观,易于清洁、检修和维护,达到整体美观,安装牢固可靠,经久耐用的效果(图 2.1-152、表 2.1-61)。

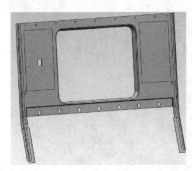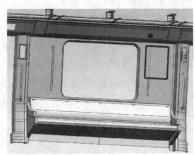

图 2.1-152 侧墙板与其他部件安装效果图

侧墙板部件   表 2.1-61

二级部件	序号	三级部件	数量	备注
侧墙板	1	中间侧墙板	6	聚酯玻璃钢
	2	端部侧墙板	4	聚酯玻璃钢

5)客室侧窗

客室侧窗是轻轨、地铁车辆的重要组成部件之一,它关系到乘客乘坐的舒适性和整车的美观。通常情况下,地铁车窗为透明整体密闭的固定车窗,采用双层中空安全玻璃。在设计时,保证车体强度的前提下,将地铁车辆客室车窗设计的尽量宽大,以便使坐着以及站着的乘客都能看到车站标志及站台,同时增加乘客心理上的宽敞度,提高旅客乘坐舒适度。

国内某型地铁列车每车每侧布置 3 扇侧窗,侧窗玻璃尺寸

980mm×1400mm。侧窗采用铝合金窗框结构。客室侧窗可分为侧窗玻璃和胶条两个部分。侧窗玻璃采用双层中空安全钢化玻璃，侧窗玻璃总厚度为20mm，从车外向车内依次为5mm厚玻璃（海天蓝）—11mm厚空气—4mm厚玻璃。中空玻璃通过结构胶胶接在铝合金窗框上，橡胶压条镶嵌在铝合金窗框的安装槽内作为窗玻璃与侧墙窗框的自然过渡。更换玻璃时不需拆卸内饰板材和铝窗框，只需将玻璃与铝窗框及玻璃与车体侧墙之间的粘结胶切除即可。车窗安装好后，玻璃外表面与车体外表面平齐，并在车体外表有适当的涂膜层形成纵向装饰带。装饰带颜色与整车美工相协调（图2.1-153、表2.1-62）。

图2.1-153 客室侧窗示意图

客室侧窗部件　　　　　　表2.1-62

二级部件	序号	三级部件	数量	备注
客室侧窗	1	侧窗玻璃	6	双层中空安全钢化玻璃
	2	胶条	若干	

6）客室座椅

客室座椅为乘客提供座位，是地铁车辆上与乘客最直接、亲密接触的功能部件，它的设计应满足形态尺度人性化、乘坐舒适、可调节等功能要求，地铁车辆中的座椅应着眼于乘坐的舒适性和乘坐姿态的灵活性（图2.1-154）。

国内某型地铁列车客室座椅采取纵向靠墙排列，客室座椅布置满足定员和舒适要求。座椅由防松螺母的连接方式固定在以侧墙钢结构托架上，座椅下平面高于地板面350mm以上，以便于车内清洁。

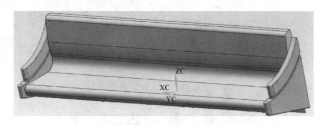

图 2.1-154　客室座椅示意图

客室纵向靠侧墙布置 6 个长座椅，位于两个侧门之间，在动车一位端设有小座椅。座椅支架材料选用铝合金材料，采用全焊接结构。座椅端板距客室侧门框之间留有一定空间。椅面采用防滑不锈钢板，通过粘接固定在座椅支架上。支架通过不锈钢螺栓连接到车体侧墙 C 型槽上。客室座椅强度每个座位能承载 100kg。

国内某型地铁列车客室座椅共 4 种，分别为：6 人座椅、带灭火器箱的 6 人座椅、带气动阀的 6 人座椅、双人座椅。具体见图 2.1-155：6 人座椅 1、带气动阀的 6 人座椅 2、带灭火器箱的 6 人座椅 3、双人座椅（左）4、双人座椅（右）5。

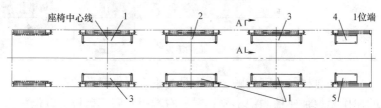

图 2.1-155　Mp/M 车客室座椅位置示意图

1—6 人座椅；2—带气动阀的 6 人座椅；3—带灭火器箱的 6 人座椅；
4—双人座椅（右）；5—双人座椅（右）

4 种客室座椅结构类似，以 6 人座椅装配结构为例说明客室座椅结构。6 人座椅装配主要由椅面、左端板、右端板、骨架、底部盖板构成。座椅椅面为不锈钢，座椅端板为铸铝，座椅骨架为铝合金。椅面与骨架之间采用胶接，骨架与底部盖板，座椅端板之间采用紧固件连接（图 2.1-156、表 2.1-63）。

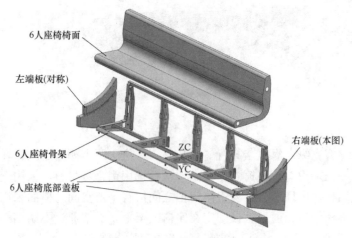

图 2.1-156 客室座椅拆分图

客车座椅部件 表 2.1-63

二级部件	序号	三级部件	数量	备注
客室座椅	1	椅面	1	不锈钢
	2	左端板	1	铸铝
	3	右端板	1	铸铝
	4	骨架	1	铝合金
	5	底部盖板	1	

椅面直接与乘客接触，作用是为乘客提供舒适的座位；骨架的作用是保证座椅固定牢靠；左、右端板和底部盖板可以保护座椅骨架，避免被乘客看到，左、右端板还提供了部分扶手的功能。

7) 立柱扶手

立柱扶手在地铁车厢内部起到维持乘客身体平衡和适当缓解疲劳的作用，立柱扶手设计符合人机工程学，数量充足、美观、安全可靠，为站立乘客提供服务（图 2.1-157、表 2.1-64）。每个司机室侧门，轮椅区，端墙处也设置扶手杆，方便司机上车和残疾人等。

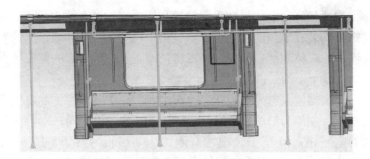

图 2.1-157　立柱扶手示意图

立柱扶手部件　　　　　　　　　　表 2.1-64

二级部件	序号	三级部件	数量	备注
立柱扶手	1	扶手杆	若干	不锈钢
	2	连接件	若干	铸铝
	3	安装座	若干	不锈钢

立柱扶手布置位置：客室中间、座椅两侧及上方、车门两侧、端墙、司机室隔墙附近均布置扶手。在司机室蹬车两侧均布置司机上车用扶手。在客室中间、座椅两侧及上方、车门两侧、端墙、司机室隔墙附近均布置扶手。

立柱扶手主要分为扶手杆、连接件和安装座 3 部分。扶手杆通过焊接不锈钢管折弯和焊接而成，中间立柱的扶手杆采用 $\phi38$ 的焊接不锈钢管，其他扶手杆采用 $\phi32$ 的焊接不锈钢管，表面采用 320 目的拉丝处理。连接件为铸铝，表面采用喷塑处理，扶手杆之间通过连接件连接。安装座为不锈钢，表面拉丝处理，扶手通过地板安装座安装在纵横梁和车体上。

8）客室端墙及电气柜

客室端墙位于客室端部，用于覆盖从边缘挡板到顶棚之间的区域，包括车体结构、电气配线、隔热设施及电气设备等。每个电气柜都设有可开启的检修门，必要时可开门对内部电气设备进行检修。

端墙和客室电气柜材质为铝板和铝蜂窝的复合结构，端墙通过螺栓安装在车体的端墙上。电气柜下端安装在车体地板上的安装座上，车体侧墙一侧安装在车体侧墙上，侧体端墙一侧安装在车体端墙上。

客室端墙及电气柜包括以下形式：Tc、Mp车二位端右侧为电气柜，左侧为端墙板；Mp、M车一位端结构相同，左右两侧均为电气柜；M车二位端左右侧均为端墙板（图2.1-158～图2.1-160）。端墙板及电气柜均由铝板和蜂窝材料构成，其表面涂有装饰性材料，从而满足内部设计要求。客室电气柜柜门采用3把7mm方孔锁。

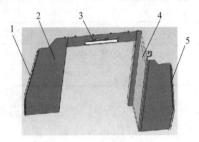

图2.1-158　Tc/Mp车二位端端墙及电气柜安装示意图
1—端墙板左插接型材；2—端墙板左；3—LED板；
4—右电气柜安装；5—电气柜右插接型材

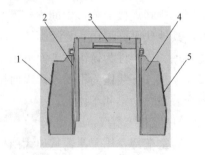

图2.1-159　Mp/M车一位端端墙电气柜安装示意图
1—电气柜左插接型材；2—左电气柜安装；3—LED板；
4—右电气柜安装；5—电气柜右插接型材

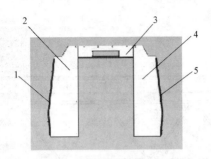

图 2.1-160　M车二位端端墙电气柜安装示意图
1—端墙板左插接型材；2—端墙板左；3—LED板；
4—端墙板右；5—端墙板右插接型材

客室端墙及电气柜可以分为几大部件：端墙板插接型材、端墙板、LED板、电气柜安装（表2.1-65）。端墙板插接型材用于侧墙板与端墙板相连处过渡，外表美观自然。端墙板组成了端墙整体。LED板上预留了贯通道LED的位置。电气柜安装内可以安装各类设备或继电器。

客室端墙及电气柜部件　　　　表 2.1-65

二级部件	序号	三级部件	数量	备注
客室端墙及电气柜	1	端墙板插接型材	若干	
	2	端墙板	若干	铝板和蜂窝材料
	3	LED板	1	
	4	电气柜安装		铝板和蜂窝材料

9）地板布

国内某型地铁列车使用的地板铺装在司机室和客室地板上，为司机和乘客提供一个可靠的防火及防滑平台，具有良好的抗压、抗拉、抗划、防火、防水、防滑、隔热、耐用、隔声、吸声、减振、耐酸、耐碱、耐磨、耐油、无毒、寿命长、不开裂等性能，并且易于清洁。

地板结构采用在车体底架上面铺设铝蜂窝板，在铝蜂窝板上粘贴地板布的双层结构形式。地板布的材料为橡胶（图2.1-

161、表 2.1-66)。

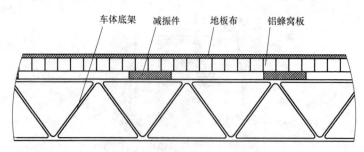

图 2.1-161 地板布结构示意图

地板布部件 表 2.1-66

二级部件	序号	三级部件	数量	备注
地板布	1	地板布	若干	橡胶
	2	铝蜂窝板	若干	铝蜂窝材料

(2) 司机室内装拆分

司机室内装主要分为司机室隔墙及电气柜、司机室顶棚、司机室侧墙、司机室座椅、头罩及导流罩和前窗玻璃等几大部分(图 2.1-162、表 2.1-67)。

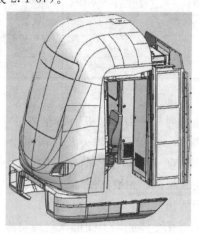

图 2.1-162 司机室内装示意图

司机室内装部件　　　　表 2.1-67

一级部件	序号	二级部件	数量	备注
司机室内装	1	司机室隔墙及电气柜	1	铝
	2	司机室顶棚	1	铝型材
	3	司机室侧墙	1	
	4	司机室座椅	1	
	5	头罩及导流罩	1	
	6	前窗玻璃	1	

1）司机室隔墙及电气柜

司机室隔墙用于将客室和司机室隔开，隔墙中间设折页式间壁门。在列车正常行驶时，间壁门关闭，不允许乘客进入司机室内。

司机室的后方右侧设电气柜，柜内设有配电盘和一些不常用的控制开关等，左侧设设备柜，柜内设车载信号设备机箱及开关门电路的继电器盘等。每个电气柜都设有可开启的检修门，必要时可开门对内部电气设备进行检修。

司机室隔墙为铝蜂窝复合材料，上端通过螺栓安装在纵横梁上，下端通过螺栓安装在车体固定架上，靠车体一侧与门立柱罩插接。隔墙上布置有通道门，通道门上布置有回风用隔栅、门锁、铰链、门碰、把手、猫眼等。

司机侧电气柜为铝合金复合结构，大柜门采用铝蜂窝结构，柜体下端安装在车体固定架上，靠车体侧墙一侧安装在车体固定架和立柱上，靠司机室隔墙一侧安装在车体后端墙上。电气柜上布置有门锁、铰链、隔栅，门锁采用 7mm 方孔钥匙锁。

司机室隔墙及电气柜主要由插接型材、隔墙、门盒组装、电气柜、隔门组成。插接型材的作用是用于侧墙板与端墙板相连处过渡。隔墙的作用是安装隔门。门盒的作用是安装开门按钮和司机室侧门。电气柜安装内可以安装各类设备或继电器（图 2.1-163、表 2.1-68）。

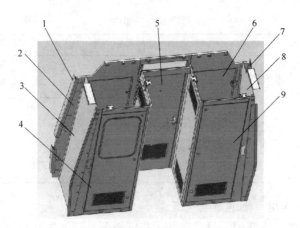

图 2.1-163　司机室隔墙及电气柜组成示意图
1—左插接型材；2—左隔墙；3—左门盒组装；4—左电气柜；5—隔门组成；
6—右隔墙；7—右插接型材；8—右门盒组装；9—右电气柜

司机室隔墙及电气柜部件　　　　表 2.1-68

二级部件	序号	三级部件	数量	备注
司机室隔墙及电气柜	1	插接型材	2	
	2	隔墙	2	铝蜂窝复合材料
	3	门盒组装	2	
	4	电气柜	2	铝合金
	5	隔门组成	1	

2）司机室顶棚

司机室顶棚位于司机室上方，每列车有 2 组司机室顶棚。顶棚组件遮盖着空调系统风道、乘客信息显示系统的摄像头、扬声器和目的显示器、照明系统的顶棚灯、车顶的绝缘层和电线。司机室顶棚为聚酯玻璃钢成型件和铝蜂窝板材结构，通过螺栓安装在车体骨架上。

司机室顶棚主要由以下几部分组成：司机室前顶板、司机室中顶板、左侧顶板、右侧顶板、司机室后顶板（图 2.1-164、表

2.1-69)。司机室前顶板留有安装摄像头的位置,司机室中顶板留有安装空调风道和司机室照明灯的位置,司机室两侧的侧顶板可以打开,方便检修司机室侧门,司机室后顶板留有安装司机室照明的位置。

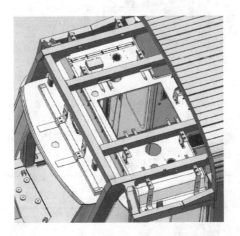

图 2.1-164 司机室顶棚示意图

司机室顶棚部件　　　　　　表 2.1-69

二级部件	序号	三级部件	数量	备注
司机室顶棚	1	司机室前顶板	1	蜂窝铝板
	2	司机室中顶板	1	蜂窝铝板
	3	左侧顶板	1	玻璃钢
	4	司机室后顶板	1	玻璃钢

3)司机室侧墙

司机室侧墙位于司机室两侧,侧墙遮盖车体骨架,不装有任何电气设备。司机室侧墙板采用不饱和聚酯玻璃钢材料,上下端通过螺栓和安装支架安装在车体骨架上,在与司机室操作台接触位置打胶防水密封。每个司机室有 4 块侧墙板组成司机室侧墙(图 2.1-165、表 2.1-70)。

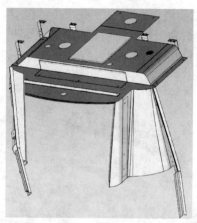

图 2.1-165　司机室侧墙示意图

司机室侧墙部件　　　　　　　　表 2.1-70

二级部件	序号	三级部件	数量	备注
司机室侧墙	1	侧墙板	4	玻璃钢

4）司机室座椅

司机座椅用来满足司机的舒适度和安全性要求。司机坐在座椅上可以观察并操作所有的操纵台设备。此外他还可以通过挡风玻璃和两侧的主镜观察周围环境。

将座椅前后高度倾角调节手柄扳动，可调节座椅前后倾角，该倾角的调节可有级地固定在调节范围内任意位置；通过配合调节前后的倾斜量可同时调节座椅的高度；同样在座椅上还设有其他的手柄和按钮，司机通过操作相应的手柄或按钮，可以很方便地根据司机自身的乘坐舒适度的进行调节，各个调节手柄（图2.1-166、图 2.1-167）。

司机室座椅有几大部分组成。①靠背机构：主要功能是现实座椅的靠背倾角调节；②升降机构：主要功能是完成座椅的升降调节功能；③前后移动机构：主要功能是现实座椅的前后移动装置；④旋转机构：主要功能是座椅旋转定位；⑤支撑部件：主要功能是支撑座椅；⑥座垫靠背等部件（表 2.1-71）。

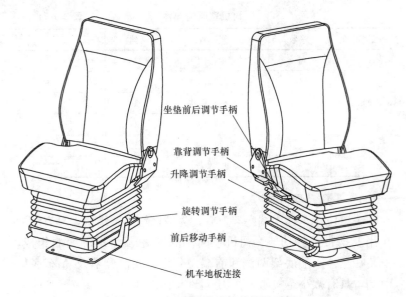

图 2.1.166　司机室座椅的调整手柄

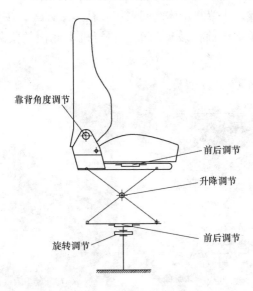

图 2.1-167　司机室座椅调节

司机室座椅部件　　　　　　　表 2.1-71

二级部件	序号	三级部件	数量	备注
司机室座椅	1	靠背机构	1	
	2	升降机构	1	
	3	前后移动机构	1	
	4	旋转机构	1	
	5	支撑部件	1	
	6	座垫,靠背	1	

5）头罩及导流罩

头罩位于车体 1 端底架上方，为玻璃钢夹层结构，具有缓冲作用及携带部件功能。司机室两侧的导流罩由 FRP 材料组成，安装在车体 1 端底架两侧和前端，分别覆盖防爬器及 A 车底架前端，具有减小空气阻力作用（图 2.1-168）。

司机室外侧采用整体式非饱和聚酯玻璃钢头罩，内侧靠铝合金骨架支撑，头罩与车体之间采用胶粘连接方式。在头罩的设计过程中，预留出前窗玻璃、车灯和司机室侧门的安装空间（图 2.1-169）。

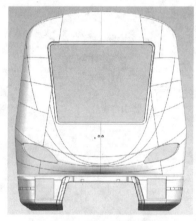

图 2.1-168　头罩和导流罩

图 2.1-169　头罩示意图

导流罩采用不饱和聚酯玻璃钢材料整体模具成型,并预埋和粘接安装骨架,通过螺栓安装到车体底架上(图 2.1-170、表 2.1-72)。

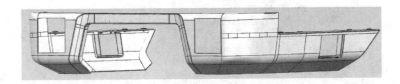

图 2.1-170　导流罩示意图

头罩和导流罩部件　　　　　　　　　　　　　表 2.1-72

二级部件	序号	三级部件	数量	备注
头罩和导流罩	1	头罩	1	玻璃钢
	2	导流罩	1	玻璃钢

6)前窗玻璃

前窗玻璃不能打开,是给驾驶员提供视野,看清行使路径。前窗玻璃通过玻璃胶粘接在 Tc 车玻璃钢头罩上。前窗玻璃是采用夹层式透明电加热安全玻璃,厚度 11.8mm。从外到内:玻璃层—胶片层—玻璃层的厚度分别是:4mm—3.8mm—4mm。其耐冲击强度符合 UIC651 的试验要求。

司机室前窗玻璃为整体式电加热安全玻璃,中间为电加热区域。前窗玻璃通过结构胶粘接在玻璃钢头罩上,安装后前窗玻璃和头罩在同一曲面上,加热时间为 10min(图 2.1-171)。

前窗玻璃的材料为夹层的安全玻璃。前窗玻璃由内外层钢化玻璃,PU 封边组成;前窗玻璃采用集成在玻璃内的电阻丝式加热器除霜。前窗玻璃胶粘接在司机室头罩上,仅可以从车外进行安装和拆卸;在前窗玻璃内面下部印有制造商标志,可从车外识别(表 2.1-73)。

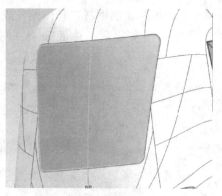

图 2.1-171　前窗玻璃示意图

前窗玻璃部件　　　　　　　　　表 2.1-73

二级部件	序号	三级部件	数量	备注
前窗玻璃	1	钢化玻璃	1	玻璃钢
	1	PU封边	1	橡胶

2.2　地铁电客车电气系统组成

2.2.1　牵引系统

1. 系统简介

在交通运输工具中采用发动机驱动的动力组件，称为牵引系统。世界上绝大多数的城市轨道交通，使用电动机驱动，其电气传动部分，就称为电力牵引系统。电力牵引系统以牵引电动机为控制对象，通过开环或闭环控制系统对牵引电动机的牵引力和速度进行调节，以满足车辆牵引和制动特性的要求，从而实现对各类交通运输工具的运行控制。

2. 功能介绍

电力牵引系统的基本功能是实现能量的传输与转换，即电能的传输和电能与机械能的转换。系统中实现电能与机械能转换的设备是牵引电动机，系统中的其他设备都是用于电能的传输以及对于传输的控制。电力牵引系统通过电力传动方式实现能量的传输和转换,这套实现能量传输和转换的装置称为电传动装置,而采用电传动装置的机车和动车组称为电传动机车和电动车组。

牵引系统中的能量转换是可逆的,牵引时系统将电能转换为机械能;再生(电阻)制动时将机械能转换为电能。这种能量的可逆转换是电传动装置的一大特点,具有节能的功效。这也是其他传动系统,例如机械传动、液压传动不可能具备的特点。

3. 系统分类

(1) 采用电力牵引系统的轨道交通列车,其动力来源于牵引电动机,牵引电动机在列车上的布置称为动力配置。牵引系统按照动力配置的不同分类可以分为:动力集中型和动力分散型。

所谓动力集中型就是牵引动力装置都集中在一节称为机车的车辆上,由这节机车牵引其他十几节、二十几节客车或者几十节货车运行。这种机车牵引的方式就是传统的铁路列车的牵引组成方式。

动力分散方式是将牵引动力装置分散到多个称为动车的车辆上,并与其他无动力的车辆(称为拖车)组成一个单元。每个单元由2节、3节、4节或更多节车辆组成。但组成方式可以是1动1拖、2动1拖、2动2拖、3动1拖、4动2拖、5动1拖甚至是全动车。每列列车由2个、3个或4个单元组成,称为动车组。动力分散方式主要运用于铁路的干线客运列车、城市轻轨列车和城市的地铁列车。

动力集中方式,又称机车牵引方式,其特点是电力牵引系统集中在一节车辆内,传动装置的功率大,控制系统的结构简单。但要求的牵引力与黏着之间的矛盾比较突出,在重联牵引时,特别是一头一尾的牵引方式下,重联控制的问题比较复杂。而动力分散方式最早由日本在新干线上使用了。动力分散的主要特点是黏着利用好,列车启动、加速快,动力储备量大。但是由于其电力牵引系统分散在多节动车内,列车的控制系统相对复杂,传动装置的数量也成倍增加。

城市地铁、轻轨列车基本采用动力分散方式。地铁、轻轨列车相对于干线铁路列车的主要区别在于车辆的轴重,即每节车辆平均分到每个轮对的重量。地铁、轻轨列车的轴重基本在 16t 以下,而干线铁路机车的轴重基本在 20t 以上,动车组动车的轴重一般也在 18t 左右。

(2) 按照能源获取的方式不同,电力牵引系统可以分为电网供电和自给式供电。内燃电力机车属于自给式供电,即靠本身携带的柴油机发电向牵引系统供电;干线电力机车,城市地铁、轻轨及有轨电车则是由电网供电,可以采用架空式的接触网,也可以采用第三轨供电。

(3) 按照供电制式的不同,可分为:目前国内的干线铁路接触网采用的单相,交流 50Hz,25000V 供电;地铁和轻轨列车采用的直流供电。北京地铁较多采用直流 750V 的第三轨供电;上海、广州地铁则主要采用直流 1500V 的接触网供电;城市有轨电车的供电制式一般为直流 600V。

从理论上说,三相供电制式更优于单相供电,且整流后的直流电压中的波纹系数也比单相整流后的波纹系数小。但在实际运用中,3 根架空的接触网线的经济性很差,再加上三相受流的复杂性,因而铁路的接触网都采用单相交流制式。交流供电制式的频率一般均选择与工业电网的频率相同,这样牵引供电系统可以直接引入工业电网的电压,从而能较好地抑制网压的波动,减少变电站的投资。

城市地铁列车、轻轨列车由于其本身的牵引功率要小很多,而且城市地铁或轻轨的运营线路也比干线铁路短得多,站间距也短;另外采用直流供电制式可以省去列车上的变压器及其辅助设备。所以,城市地铁列车或轻轨列车都采用直流供电制式。世界上,早期的地铁、轻轨系统均采用直流 1000V 以下供电方式,如 DC600V、DC750V 等。随着技术进步,20 世纪 70 年代后期设计的地铁系统更多地采用了 DC1500V 的。比如英国多采用 DC750V 的第三轨供电方式,法国各城市普遍采用 DC750V 供电方式，但接触网、第三轨两种受流方式并存。德国地铁的情况与法国类似，而日本多数城市的快车，地铁、轻轨列车均采用DC1500V供电制式和接触网受流；单轨铁路、部分地铁线路则采用DC750V供电方式和第三轨受流。

在我国香港特别行政区，地铁采用DC1500V供电制式，架空接触网受流；轻轨采用DC750V供电方式，架空接触网受流。北京、天津地铁均采用了DC750V供电方式，第三轨受流。上海、广州的地铁采用DC1500V供电制式，接触网受流。目前采用DC1500V供电制式，接触网受流的方式，已是城市轨道交通的主流。

4. 牵引系统拆分

电力牵引系统的基本结构，主要有4部分设备，即：受流设备，一般是受电弓（图2.2-1）或者第三轨；高压电器单元（图2.2-2）；变流设备，主要是整流器或变流器；驱动设备，即牵引电动机。牵引逆变器部件见图2.2-3。

在牵引系统的实际组成中，变压器只有在交流供电制式中才需要，在直流供电制式中受流设备直接将直流电能送入变流器。而电路中的控制设备并不是整体存在的，实际上控制系统应该是由多个微机构成的分布式结构，其控制系统将在牵引主电路中再作说明。

本节将以株洲电力机车有限公司生产的某款B型地铁列车为实例，详细介绍电力牵引系统中的主要设备。

（1）受流器（受电弓）

受流器的功能是将电源引入车内。我国大部分城市的轨道交通车辆的受流器都采用受电弓，只有部分城市的地铁车辆采用第三轨受流器，另外长沙中低速磁浮列车也采用第三轨受流器。

从接触网将电源引入车辆的装置称为受电弓。该型号受电弓由4个功能部件组成，分别是：①底架、②铰链结构、③弓头和④升弓装置（图2.2-4、图2.2-5）。

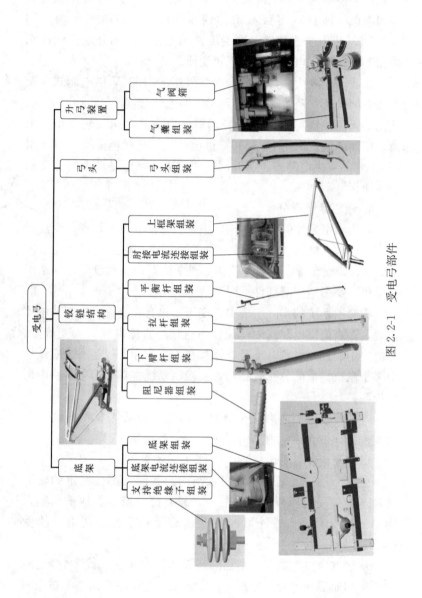

图 2.2-1 受电弓部件

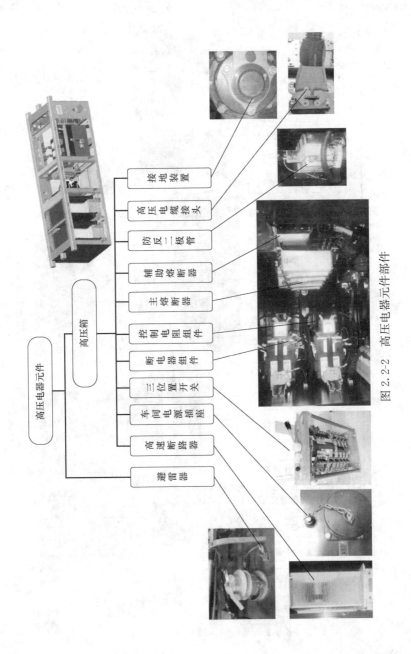

图 2.2-2 高压电器元件部件

2 地铁电客车系统组成及研究

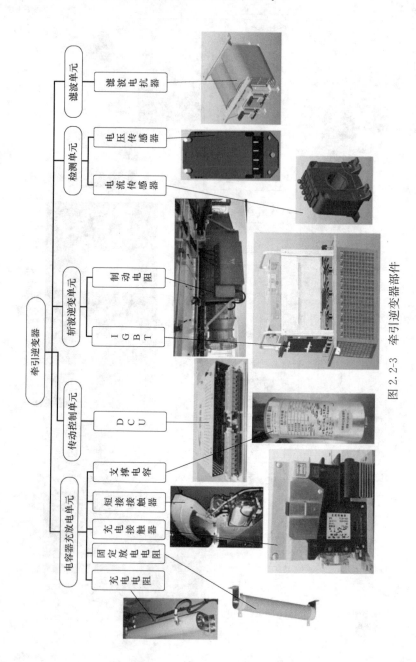

图 2.2-3 牵引逆变器部件

图 2.2-4 受电弓外形图

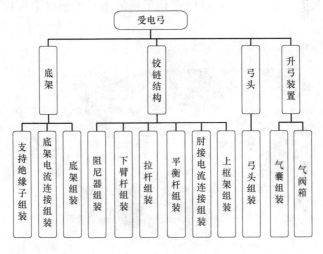

图 2.2-5 受电弓组成

1) 底架是整个受电弓的基座,通过 4 个绝缘子固定在机车顶部,起稳定和支撑的作用。

2) 铰链结构铰链系统包括下臂杆组装,上框架组装和拉杆组装。铰链系统与底架一起构成了受电弓的四杆机构,该四杆机构保证了上框架中顶管的运动轨迹呈一条近似铅垂的直线。

3) 弓头是与接触网直接接触的部件,上面安装有碳滑板,下面有弓头悬挂装置。为保证弓头与供电网线能够保持良好的恒定接触，弓头具有尽可能小的惯性质量。弓头分两部分：与接触网线接触的部分及与上框架连接的部分，前者主要包括碳滑板、弓角；后者主要包括弓头悬挂装置。弓头悬挂装置的应用使得弓头具有一定的自由度，同时弓头集电时，弓头与网线之间的高频振动可以通过弓头悬挂装置吸收缓冲。

4）升弓装置实现对受电弓升降运动的控制。目前升弓装置有两种动力源，一种是采用气动即列车的供风（压缩空气）系统通过气囊给风或排风，从而使受电弓升降；另一种是采用电动即用电动机控制受电弓的升降。采用气动的受电弓，其升弓装置一般还具有手动的机构，以便在列车供风不足的情况下可以手动升弓。

受电弓具体的部件组成，如图 2.2-6、表 2.2-1。

图 2.2.6 受电弓组成图

受电弓部件　　　　　表 2.2-1

一级部件	功能部件	序号	二级部件	数量	备注
受电弓	底架	1	支持绝缘子组装	4	
		2	底架电流连接组装	1	
	铰链结构	3	底架组装	1	
		4	阻尼器组装	1	

续表

一级部件	功能部件	序号	二级部件	数量	备注
受电弓	铰链结构	5	下臂杆组装	1	
		6	拉杆组装	1	
		7	平衡杆组装	1	
		8	肘接电流连接组装	1	
		9	上框架组装	1	
	弓头	10	弓头组装	1	
	升弓装置	11	气囊组装	1	
		12	气阀箱	1	

① 支持绝缘子组装

受电弓安装有四个支持绝缘子,其功能是:对带电的受电弓与相连接的车顶进行电隔离;使受电弓同车顶进行机械连接(图 2.2-7、表 2.2-2)。绝缘子采用硅橡胶材料,具有很高的绝缘等级及机械强度,其通过一个 M16×35 螺栓及弹簧接触垫圈将其与受电弓底架连接,绝缘子自带 M20 的螺栓与车顶连接,螺纹长度 25mm。

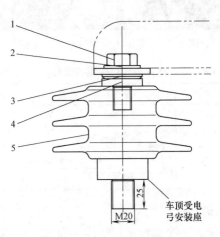

图 2.2-7 绝缘子组装示意图

绝缘子组装部件　　　　　　　表 2.2-2

二级部件	序号	三级部件	数量	备注
绝缘子组装	1	螺栓 M16	1	
	2	弹簧接触垫圈	1	
	3	球形垫圈	1	
	4	球形垫圈	1	
	5	绝缘子硅橡胶套	1	

② 底架电流连接组装是受电弓对外的电接口，用于将电流从受电弓引导至车下高压箱内（图 2.2-8、表 2.2-3）。电流接线板采用不锈钢材料的软编织线。

图 2.2-8　底架电流连接组装示意图

底架电流连接组装部件　　　　　　　表 2.2-3

二级部件	序号	三级部件	数量	备注
底架电流连接组装	1	金属编织线	8	
	2	金属编织线	2	
	3	螺栓 M10	16	
	4	螺栓 M8	4	

③ 底架组装

受电弓底架是一个由矩形钢管焊接而成的口字形钢结构，在受电弓的升降弓过程中，底架是不运动的，它只是起到一个固定支撑的作用(图 2.2-9、表 2.2-4)。电流接线板采用不锈钢材料;支撑架上 φ18mm 的通孔用于安装支持绝缘子的安装螺钉 M16×35;支撑板上安装有受电弓对外的气路接口,支撑板采用不锈钢材料。

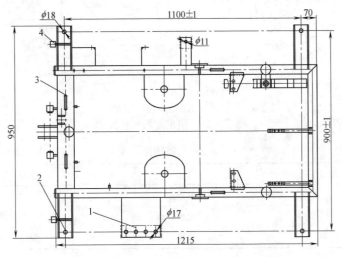

图 2.2-9 底架示意图

底架部件　　　　　　　　　　　表 2.2-4

二级部件	序号	三级部件	数量	备注
底架	1	电流接线表	1	
	2	支撑架	4	
	3	口形钢结构	1	
	4	支撑板	1	
	5	橡胶止挡	3	

④ 阻尼器组装

受电弓阻尼器一头安装在底架上,另一头与受电弓下臂杆连接,在受电弓的下降过程中起到缓冲作用,以避免受电弓降弓时对底架上部件造成冲击损坏(图 2.2-10、表 2.2-5)。

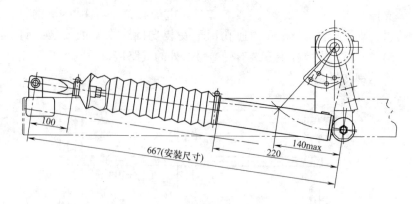

图 2.2-10 阻尼器组装示意图

阻尼器部件 表 2.2-5

二级部件	序号	三级部件	数量	备注
阻尼器	1	阻尼器体	1	
	2	螺栓	2	M10
	3	螺栓	2	M12

⑤ 下臂杆组装

下臂杆是由无缝钢管组焊而成的"工"字形钢结构,在底架轴承管上焊接有连接升弓气囊和阻尼器的扇形调整板,肘接轴承管上焊接有平衡杆连接块(图 2.2-11、表 2.2-6)。下臂杆的两端分别与底架和上框架采用轴承连接,与底架连接的轴承安装在下臂杆的底架轴承管内,与上框架连接的轴承安装在下臂杆的肘接轴承管内。轴承具有良好密封能力,而且在其使用期内免维护。受电弓升降弓运动时其绕着底架上的固定点做圆周运动。

下臂杆部件 表 2.2-6

二级部件	序号	三级部件	数量	备注
下臂杆	1	轴承管	1	
	2	扇形调整板	2	
	3	平衡杆连接块	1	
	4	肘接轴承管	1	

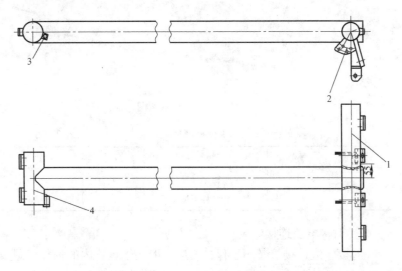

图 2.2-11 下臂杆示意图

⑥ 拉杆组装

拉杆作用是构成铰链四杆机构的闭环（表 2.2-7）。可以通过调节拉杆上螺母和螺杆的相对位置来改变拉杆长度，从而实现对四杆机构的几何尺寸进行调整以修正偏差。

拉杆部件　　　　　　表 2.2-7

二级部件	序号	三级部件	数量	备注
拉杆	1	球头轴承	1	
	2	拉杆螺母	1	
	3	螺杆	1	
	4	拉杆螺母	1	
	5	球头轴承	1	

⑦ 平衡杆组装

平衡杆组装主要由平衡杆导杆和止挡杆组焊组成。平衡杆导杆一端与下臂杆上的平衡杆连接块连接，另一端与上框架连接（图 2.2-12、表 2.2-8）。

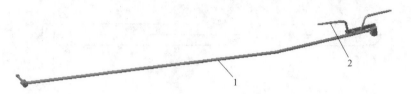

图 2.2-12 平衡杆示意图

平衡杆部件　　　　　　　　　　表 2.2-8

二级部件	序号	三级部件	数量	备注
平衡杆	1	平衡杆导杆	1	
	2	止挡杆组焊	1	

⑧ 肘接电流连接组装

肘接电流连接组装用于保护安装于肘接轴承管内的轴承（图 2.2-13、表 2.2-9），电流接线板采用不锈钢材料的软编织线。

图 2.2-13 肘接电流连接组装示意图

肘接电流连接组装部件　　　　　　　　　　表 2.2-9

二级部件	序号	三级部件	数量	备注
肘接电流连接组装	1	金属编织线	8	
	2	金属编织线	2	
	3	螺栓 M10	16	
	4	螺栓 M8	4	

⑨ 上框架组装

上框架是由顶管、阶梯铝管和肘接处连接管组焊而成铝合金框架结构（图 2.2-14、表 2.2-10）。上框架上安装有对角线杆，用于增加上框架的刚度。上框架通过轴承分别与拉杆，下臂杆及弓头连接。上框架的此种设计减轻了受电弓的整体质量，提高受电弓的弓网跟随性。

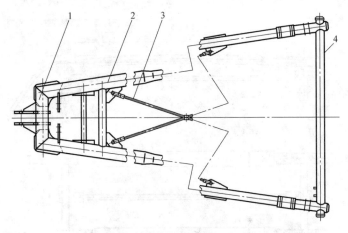

图 2.2-14 上框架示意图

上框架部件　　　　　　　表 2.2-10

二级部件	序号	三级部件	数量	备注
上框架	1	肘接处连接管	1	
	2	阶梯铝管	2	
	3	对角线杆	2	
	4	顶管	1	

⑩ 弓头组装

弓头是与接触网直接接触的部件，包括碳滑板组装和弓头悬挂装置。为保证弓头与供电网线能够保持良好的恒定接触，弓头具有尽可能小的惯性质量。弓头悬挂装置的应用使得弓头具有一定的自由度，同时弓头集电时，弓头与网线之间的高频振动可以通过弓头悬挂装置吸收缓冲。

碳滑板是碳滑板组装与接触网线相连的部分，正常工作时，保持弓网有效接触，将电网电压引入列车，是整个列车系统的电能来源。弓角位于碳滑板组装端部，用以保证接触线与碳滑板的平滑过渡（图 2.2-15、表 2.2-11）。

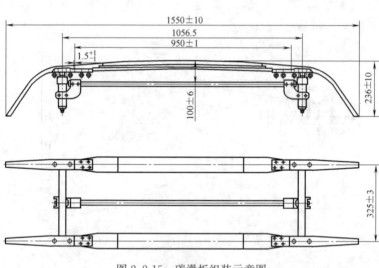

图 2.2-15 碳滑板组装示意图

碳滑板组装部件　　　　　表 2.2-11

二级部件	序号	三级部件	数量	备注
碳滑板	1	弓角	4	
	2	弓头悬挂装置支架	2	
	3	碳滑板	2	
	4	螺栓 M8	4	

弓头悬挂装置由两组弹簧盒组成，弓头悬挂的弹簧安装于弹簧座中，构成弹簧盒，其能够缓冲吸收弓网之间的高频振动及冲击力，提高弓网之间的动态跟随性。两个弹簧盒通过支架安装在

弓头转轴的末端，两组弹簧盒之间通过弓头转轴连接。弓头转轴由压入上框架顶管内的免维护粉末冶金衬套支撑，保证弓头转轴的自由转动，实现碳滑板表面与接触网线之间的正常贴合（图2.2-16、表2.2-12）。

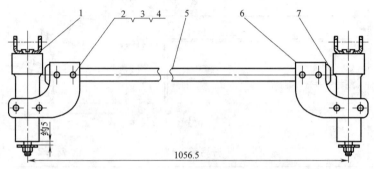

图 2.2-16　弓头悬挂装置示意图

弓头悬挂装置部件　　　　　　　　表 2.2-12

二级部件	序号	三级部件	数量	备注
弓头悬挂装置	1	弹簧盒	2	
	2	支架	1	
	3	螺栓 M10	8	
	4	垫片	8	
	5	弓头转轴	1	
	6	支架	1	
	7	弓头转轴端	2	

⑪ 气囊组装

受电弓升弓时所需的升弓转矩及升起后与网线间的接触压力是由两个充满压缩空气的气囊，与气囊连接并被拉伸的钢丝绳和紧固在下臂杆上的扇形调整板产生。升弓气囊主要是装在底架上，通过钢丝绳与受电弓下臂杆连接在一起，给受电弓升降弓提供动力。升弓时气囊充气后涨起，通过钢丝绳带动下臂杆转动，从而实现受电弓升弓运动（图2.2-17、表2.2-13）。

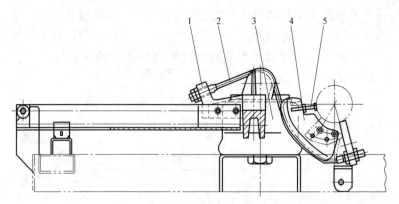

图 2.2.17 升弓气囊组装示意图

升弓装置部件 表 2.2-13

二级部件	序号	三级部件	数量	备注
升弓装置	1	弹簧盒	2	
	2	钢丝绳	2	
	3	升弓气囊	2	
	4	扇形调整板	2	
	5	保护销	2	

⑫ 气阀箱

气阀箱是控制升弓气路中气压的装置，调整升弓时间和弓网接触压力。它是由空气过滤器、单向节流阀、精密调压阀、安全阀等几部分组装（图 2.2-18、表 2.2-14）。

空气过滤器的作用是将机车压缩空气中的水雾分离出来，保证提供的压缩空气是干燥而且纯净的。

单向节流阀的作用是通过控制压缩气体的过流量来调整受电弓升弓时间。

精密调压阀的作用是为受电弓提供恒定的压缩空气，精度偏差为 ±0.002MPa，精密调压阀用于调节接触压力，因为气压每变化 0.01MPa 就会使接触压力变化 10N。

安全阀的作用是当精密调压阀出现故障，安全阀就会起到保护气路的作用。

单向节流阀的作用是通过控制排放气体的过流量来调整受电弓降弓时间。

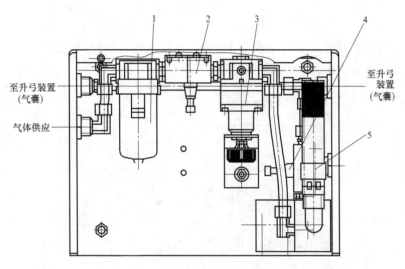

图 2.2-18　气阀箱内部示意图

气阀箱部件　　　　　　　　　　表 2.2-14

二级部件	序号	三级部件	数量	备注
气阀箱	1	空气过滤器	1	
	2	单向节流阀	1	
	3	精密调压阀	1	
	4	单向节流阀	1	
	5	安全阀	1	

（2）高压电器单元

高压电器单元是将受流器从接触线路采集的电能引入车内，为牵引设备和其他设施提供动力并进行高压系统的控制、检测和保护。高压电器单元主要包括主断路器、避雷器、接地开关和检测保护装置等。在城市地铁列车上，基于安全运营考虑，为减少高压设备对其他设备正常运行造成的影响，一般将高压电器各部件集成在高压箱内，高压箱悬挂在车体底部。

以株洲电力机车公司生产的某款 B 型地铁列车为例，介绍地铁列车的高压电器元件。高压电器元件有避雷器和高压箱。高压箱中的设备有高速断路器、三位置开关、主熔断器、辅助熔断器、车间电源插座、继电器组件、防反二极管、控制电阻组件、高压电缆接头、接地装置（图 2.2-19）。

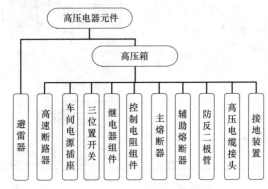

图 2.2-19　高压电器元件

1）避雷器

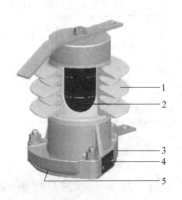

图 2.2-20　避雷器结构图

避雷器是用来防止来自车辆外部的过电压（如雷击等）和车辆内部的操作过电压对车辆电气设备绝缘的破坏。避雷器内金属氧化物电阻为高度非线性，即它们拥有尖锐的电压—电流扭转特性（图 2.2-20、表 2.2-15）。因此，在某一电压值以下时只有少量漏泄电流流过避雷器。避雷器安装在

Mp车车顶,受电弓旁边,每列车有2个。

避雷器部件　　　　　　　　　　表2.2-15

二级部件	序号	三级部件	数量	备注
避雷器	1	硅橡胶复合外套	1	
	2	金属氧化物电阻	1	
	3	法兰压力释放口	1	
	4	铭牌	1	
	5	释放口	1	

2)高压箱

高压箱安装在带有受电弓的车辆上。高压箱内的主要部件有:高速断路器、三位置开关、主熔断器、辅助熔断器、车间电源插座、继电器组件、控制电阻组件、防反二极管(图2.2-21)。箱体右侧是车间电源插座,箱体内右侧室是三位置开关,中间室有熔断器、继电器、二极管和控制电阻,左侧室是灭弧罩保护的高速断路器。

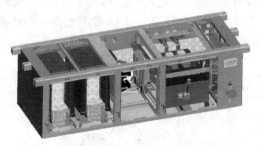

图2.2-21　高压箱三维图

① 高速断路器用于将列车高压电路从接触网进行隔离切换,它的关闭是通过控制电磁铁和其感应线圈动作来完成的(图2.2-22)。

列车将要运行时,控制高速断路器闭合,给后续的牵引逆变器供电,驱动电动机使列车前进。主电路接通时,高速断路可以在牵引控制单元DCU的命令下断开主电路,可以提供例如主电

2　地铁电客车系统组成及研究　　183

图 2.2-22 高速断路器外观图

路电器部件故障、网压或直流电压过压、直流侧电流过流、主电路接地、IGBT 元件故障、DCU 故障、110V 控制电源失电等发生时的保护。在主电路中电流大于 1500A 时，高速断路器的自动脱扣器动作，会跳开主触头，切断电路。

② 三位置开关能实现运行、接地、车间电源的切换（图 2.2-23）。开关通过手动拉动大手柄实现切换，小球手柄的功能是作为保险销锁定大手柄位置。

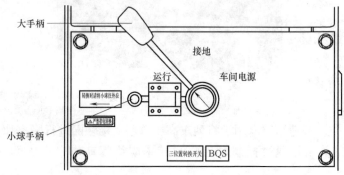

图 2.2-23 三位置开关操作端图

③ 主熔断器作用是当输入牵引逆变器的电流过大时，快速熔断保护各电器元件。主熔断器的额定电压是 DC2000V，额定

电流是400A（图2.2-24）。

④ 辅助熔断器的作用是实现辅助电路的短路保护功能。当流过辅助熔断器的电流过大，即辅助电路短路时，辅助熔断器快速熔断实现保护功能。一般在使用中，辅助熔断器的额定电流比主熔断器的额定电流稍小。

⑤ 车间电源插座是库内电源给列车电网供电的接口（图2.2-25）。

⑥ 继电器组件是高速断路器的控制模块。

图2.2-26为高压电器箱中间室，表2.2-16为高压电器的部件。

图2.2-24 熔断器

⑦ 控制电阻组件与继电器组件，组合为高速断路器的控制电路。

⑧ 防反二极管功能是作为辅助电路的保护装置。

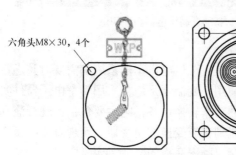
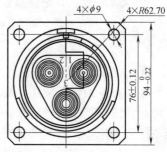

图2.2-25 车间电源插座结构图

高压电器箱部件 表2.2-16

二级部件	序号	三级部件	数量	备注
高压箱	1	高速断路器	2	
	2	三位置开关	1	
	3	主熔断器	2	

续表

二级部件	序号	三级部件	数量	备注
高压电器箱	4	辅助熔断器	2	
	5	车间电源插座	1	
	6	继电器	4	
	7	控制电阻	2	
	8	防反二极管	1	

图 2.2-26　高压电器箱中间室

（3）牵引变流设备

无论是交流供电还是直流供电，车辆系统都需要对其进行变流转换，再供给设备使用。变流器是一类采用功率电子器件实现电源制式或性能变换的功率转换设备，它主要包括实现交流到直流变换的整流器，直流到交流变换的逆变器，实现直流电压变换的直流变换器和实现交流频率变换的交-交变流器。

电力牵引系统中主要部件是牵引逆变器，负责将直流电转变成频率和电压均可以改变的交流电给交流牵引电动机供电（图 2.2-27、表 2.2-17）。每辆动车上配置一台牵引逆变器，内含 IGBT 变流器模块，为 4 台牵引电动机提供三相 VVVF 电源。模块上散热器采用了热管散热技术，运用走行风冷却方式。

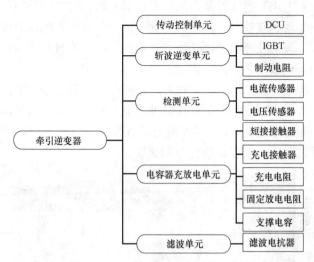

图 2.2-27 牵引逆变器

牵引逆变器部件　　　　表 2.2-17

一级部件	功能部件	序号	三级部件	数量	备注
牵引逆变器	传动控制单元	1	DCU	1	
	斩波逆变单元	2	IGBT	2	
		3	制动电阻	2	
	检测单元	4	电流传感器	6	
		5	电压传感器	2	
	电容器充放电单元	6	短接触器	1	
		7	充电接触器	2	
		8	充电电阻	2	
		9	固定放电电阻	1	
		10	支撑电容	1	
	滤波单元	11	滤波电抗	1	

1) DCU 是传动控制单元的缩写，采用"异步电动机直接转矩控制"，"黏着控制"软件和"交流传动模块化设计"硬件，主

要完成对 IGBT 逆变器及交流异步牵引电动机的实时控制,黏着控制,制动斩波控制,同时具备完整的牵引变流系统故障保护功能,模块级的故障自诊断功能和一定程度的故障自复位功能,以及部分车辆级控制功能(图 2.2-28、表 2.2-18)。

主控板(DSP)用于实时采集外部模拟数字信号,进行分析和计算,发出逆变控制 PWM 脉冲功能,实现电动机的高动态响应。同时外通过 MVB,以太网通信方式与上位机通信;对内与母板通过并行总线方式进行数据交换。

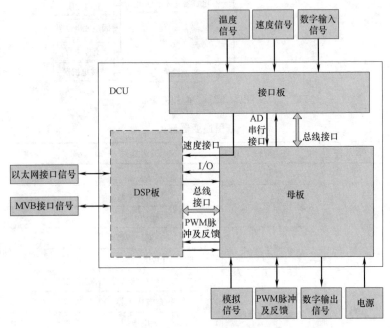

图 2.2-28 DCU 系统控制原理图

DCU 控制部件　　　　表 2.2-18

二级部件	序号	三级部件	数量	备注
DCU	1	母板	1	
	2	DSP 板	1	
	3	接口板	1	

2) IGBT

IGBT 模块由 2 个斩波元件与 6 个逆变元件集成组成（图 2.2-29、表 2.2-19）。再生制动时，若电容两端电压上升至一定值（1870V）时，触发 IGBT 斩波元件，进入电阻制动；调节斩波模块开关元件导通角，将电容两端电压稳定在一定的电压值，此时为再生和电阻混合制动；若电容两端电压或电网电压回落，1800V 时关闭斩波回路，则由电阻制动转换为再生制动。

图 2.2-29　IGBT 模块

IGBT 部件　　　　　　　表 2.2-19

二级部件	序号	三级部件	数量	备注
IGBT	1	斩波元件	2	
	2	逆变元件	6	

3）制动电阻

制动电阻的主要作用是将列车在制动过程中产生的电网不能吸收的电能转变为热能耗散；或车辆在运行的过程中有时会遇到直流电压上升的情况，为了防止直流电压上升超过允许范围，需要利用制动电阻的开通来降低相应的过电压。

每个制动电阻由两条支路的电阻段组成,每个支路的电阻段由 6 个电阻单元串联组成,电阻单元之间利用铜制母排连接(图 2.2-30、表 2.2-20)。

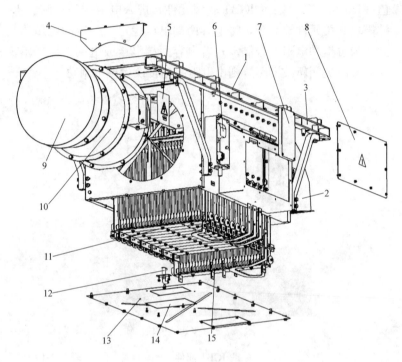

图 2.2-30 制动电阻部件图

二级部件	序号	三级部件	数量	备注
制动电阻	1	顶板	1	
	2	排风罩	1	
	3	构架组件	1	
	4	风机吊装板	1	
	5	风机接线盒盖板	1	
	6	风压继电器	1	

续表

二级部件	序号	三级部件	数量	备注
制动电阻	7	控制盒盖板	1	
	8	电器盒盖板	1	
	9	风机网罩	1	
	10	风机	1	
	11	电阻单元 B	1	
	12	气嘴	1	
	13	底板	1	
	14	气嘴观察口盖板	1	
	15	电阻单元 A	1	

4）电流传感器

电流传感器采用霍尔电流传感器，其中 LH1、LH2 用于主电路直流侧正负电流的检测，同时可通过比较正负电流差值实现主电路接地故障检测。LH3、LH4 用于输出交流侧电流检测。LH5、LH6 用于斩波电流检测（图 2.2-31、表 2.2-21）。

5）电压传感器

电压传感器采用霍尔电压传感器，VH1 检测牵引逆变器的输入电压，当受电弓正常工作时，该电压值为接触网网压。VH2 检测斩波逆变单元的输入电压，为斩波逆变控制作反馈（图 2.2-32、表 2.2-22）。

图 2.2-31 电流传感器

电流传感器部件　　　　表 2.2-21

二级部件	序号	三级部件	数量	备注
电流传感器	1	LH1	1	
	2	LH2	1	

续表

二级部件	序号	三级部件	数量	备注
电流传感器	3	LH3	1	
	4	LH4	1	
	5	LH5	1	
	6	LH6	1	

图 2.2-32 电压传感器

电压传感器部件　　　　　　　表 2.2-22

二级部件	序号	三级部件	数量	备注
电压传感器	1	VH1	1	
	2	VH2	1	

6）短接触器

短接接触器的作用是检测的 VH2 电容的电压，在一定时间到达一定值时才闭合，保证逆变模块正常工作时的电压稳定，增大了正常工作时的有效功率（图 2.2-33、表 2.2-23）。

图 2.2-33 短接触器图

短接触器部件　　　　　　　表 2.2-23

二级部件	序号	三级部件	数量	备注
短接触器	1	KM1	1	

7）充电接触器

充电接触器 KM2 的作用是当列车准备牵引时，闭合并通过充电电阻 R1 给支撑电容充电，减小启动电流，优先给支撑电容充电，保证逆变模块工作电压（图 2.2-34、表 2.2-24）。

8）充电电阻

充电电阻的作用是将电网电源通过其给支撑电容 C 充电（图 2.2-35、表 2.2-25）。

图 2.2-34　充电接触器图

充电接触器部件　　　　　　　表 2.2-24

二级部件	序号	三级部件	数量	备注
充电接触器	1	KM2	1	

图 2.2-35　充电电阻图

充电电阻部件　　　　　　　表 2.2-25

二级部件	序号	三级部件	数量	备注
充电电阻	1	R1	1	

9) 固定放电电阻

固定放电电阻的作用是与支撑电容 C 组成 RC 电路，当斩波回路或制动电阻出现问题或者电源断电时，支撑电容也可通过固定放电电阻进行放电（图 2.2-36、表 2.2-26）。

图 2.2-36　固定放电电阻图

固定放电电阻部件　　　　　　　　表 2.2-26

二级部件	序号	三级部件	数量	备注
固定放电电阻	1	R2	1	

图 2.2-37　支撑电容图

10) 支撑电容

当斩波回路或制动电阻出现问题或者电源断电，支撑电容可放电时间小于 5min。支撑电容器安装在牵引逆变器 IGBT 模块中。固定放电电阻取值根据电容取值确定，满足放电到安全电压的放电时间要求（图 2.2-37、表 2.2-27）。

支撑电容部件　　　　　　　　表 2.2-27

二级部件	序号	三级部件	数量	备注
支撑电容	1	C	1	

11) 滤波电抗

滤波电抗的作用是主电路直流侧电压保持稳定并将电压波动限制在允许范围内（正常网压下是 1500±300V）。吸收直流输入端的谐波电压，抑制逆变器对输入电源的干扰，在逆变器发生短路时，抑制短路电流并满足逆变器开关元件换相的要求（图 2.2-38、表 2.2-28）

图 2.2-38 滤波电抗图

滤波电抗部件　　　　　　表 2.2-28

二级部件	序号	三级部件	数量	备注
滤波电抗	1	L1	1	

2.2.2 辅助电源系统

1. 系统简介

城市轨道交通列车辅助逆变系统负责提供列车上的交流负载电源，交流负载主要包括空调机组、空气压缩机、冷却通风机、电加热器等。列车辅助逆变器输出的交流供电网络基本有两种模式，即集中供电（又称扩展供电）与分散供电（又称交叉供电）。

2. 功能简介

辅助系统包括辅助电源和辅助设备，辅助电源将直流电压（DC1500V）逆变成三相交流电压（AC380V），为空调、空气压缩机、照明及控制电路等辅助设备提供稳定的三相四线制的交流电压，并将交流电压（AC380V）通过蓄电池充电机变换成蓄电池与低压直流负载使用的 DC110V 电压。完成这一逆变过程的设备即为辅助逆变器（SIV），也是辅助系统中最关键的部分。

系统采用直接两电平 IGBT 逆变电路+全波整流和高频 DC/DC 变换电路的方式。工作原理为：

直流输入高压经直流滤波电抗器（L1）、电容器充电电路

(R1、KM2)、直流滤波电容器(FC),送至 IGBT 逆变器进行逆变后输出 PWM 波交流电压,再经输出变压器(TR)进行电压隔离、降压,交流电容器(ACC)滤波得到低谐波含量的三相准正弦电压,输出三相 380V、50Hz 电压。

从逆变电路输出的稳定的 3AC380V 输出电压,经过交流电抗器(L3)输入到三相整流桥整流,电抗器、电容器滤波后得到直流电压(中间电路电压),中间电路电压经半桥变换电路高频变换为矩形波电压、经高频变压器进行隔离、降压后,再经高频整流桥整流、电抗器、电容器滤波后得到稳定的 DC110V 电源。

整个辅助电源系统采用强迫风冷,交流输出容量 195kVA,直流 DC110V 输出功率 25kW。

应急启动功能是在列车主蓄电池欠压或主蓄电池故障情况下,由应急启动电源工作输出 DC110V,供辅助电源工作。应急启动电路由熔断器 FU1、应急启动电源 DBPS、司机室应急启动按钮组成。应急启动电源额定输入电压 DC1500V,输入电压范围:DC1000~DC2000V,额定输出电压 DC110V。

3. 辅助电源系统拆分

(1) 辅助电源箱

某型列车辅助系统供电采用集中布置、集中供电方式。每节 Tc 车布置一个辅助电源器箱,每个辅助电源器箱中集成有两套辅助逆变器和两套 DC/DC,为列车提供 3AC380V 电源和 DC110V 电源(图 2.2-39、图 2.2-40、表 2.2-29)。

(2) 蓄电池箱

蓄电池箱安装在 Tc 车底架的左右两侧,蓄电池箱分为蓄电池箱 1、蓄电池箱 2,箱体采用边梁悬挂安装模式。蓄电池箱 1 带有温度传感器及外挂熔断器箱,蓄电池采用镍镉碱性蓄电池,蓄电池通过熔断器箱内的熔断器连接到蓄电池充电机。两组蓄电池并联,蓄电池及蓄电池箱见图 2.2-41、蓄电池部件见表 2.2-30。

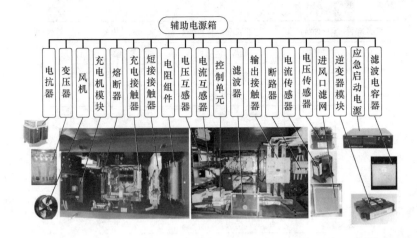

图 2.2-39 辅助电源箱部件

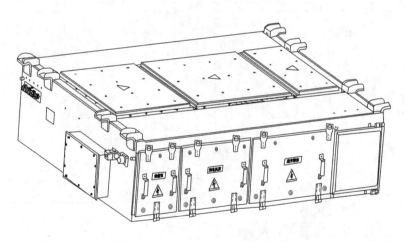

图 2.2-40 辅助电源箱示意图

辅助电源箱部件　　　　　　　表 2.2-29

二级部件	序号	三级部件	数量	代号	备注
辅助电源箱	1	电抗器		L1/L3	
	2	变压器		TR	

续表

二级部件	序号	三级部件	数量	代号	备注
辅助电源箱	3	风机		M1	
	4	直流输出滤波器		Z3	
	5	DC110V滤波器		Z1	
	6	分线端子排		—	
	7	控制单元		A100	
	8	充电机模块		A20	
	9	逆变器模块		A10	
	10	进风口滤网			
	11	应急启动电源		DBPS	
	12	熔断器		FU1	
	13	充电接触器		KM2	
	14	短接接触器		KM1	
	15	电阻组件		R1/R2	
	16	滤波电容器		ACC	
	17	测试端子排		—	
	18	电压互感器		PT	
	19	风机控制组件			
	20	输出接触器		KMA	
	21	断路器		QF11	
	22	交流输出滤波器		Z2	
	23	输出控制组件		—	
	24	电流互感器		TA1/TA2/TA3	
	25	电压传感器		SV1/SV2	
	26	电流传感器		SC1	

如果某个蓄电池充电机发生故障，对应的蓄电池就会被二极管隔离。在辅助逆变器的DC110V供电输出仍在工作时，蓄电池不会放电，由蓄电池充电机对蓄电池进行浮动充电。

在辅助逆变器故障或者接触网没有电压的情况下,列车系统将自动切换至紧急运行以节省蓄电池的电量。在紧急运行模式下,蓄电池的电量必须保证3节编组列车的紧急负载能继续运行45min。

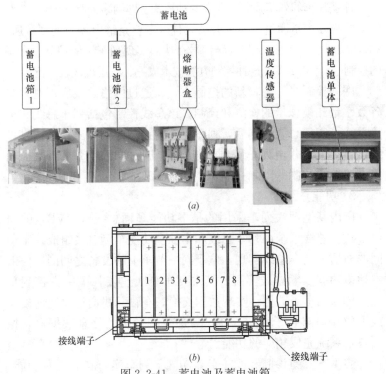

图 2.2-41 蓄电池及蓄电池箱
(a) 蓄电池部件; (b) 蓄电池箱

蓄电池部件 表 2.2-30

二级部件	序号	三级部件	数量	备注
蓄电池	1	蓄电池箱1	1	
	2	蓄电池箱2	1	
	3	熔断器盒	1	
	4	温度传感器	1	
	5	蓄电池单体	80	

2.2.3 列车控制及诊断系统

1. 系统简介

列车控制和诊断系统（TCMS）是控制并监视整个列车的重要系统、包括列车控制、诊断、监视和维护等。

地铁客车的列车控制主要有两种形式、即网络控制和硬线控制。硬线控制方式是通过一系列开关元件（主要是继电器）的"接通"和"断开"来传递控制与检测信号、从而实现列车级的控制。常用的控制电压为110V。这种控制方法技术成熟、应用也比较广泛。

网络控制是一种较新的控制方式、通过网络总线实现对列车各数字量和模拟量的检测和控制。该总线控制包括列车总线和车辆总线。实行总线控制后，列车所有的控制监测信号均可通过总线进行传输、并由列车控制系统通过软件实现启动连锁保护功能。该总线控制的国际标准 IEC60375 已在 1999 年正式通过。

2. 功能介绍

国内某型地铁列车采用的是多功能车辆总线（MVB）的控制方式。总线系统由列车总线和本地多功能车辆总线组成。车辆间的通信由列车总线实现，位于同一节车上的设备之间的通信由本地多功能车辆总线实现。其中列车总线连接各个中央控制单元、传递列车级数据、实现数据交换。车辆总线通过总线连接器或 I/O 接口与各子系统连接、传递控制数据、信息数据等，控制各子系统完成相应的功能。

TCMS 具有诊断和故障存储功能、列车实时状态记录功能。可以对以下子系统进行监控：牵引控制系统、制动控制系统、辅助电源系统、空调控制系统、门控系统、乘客信息系统、事件记录单元、人机接口单元、列车自动驾驶系统等，图 2.2-42 为 TCMS 逻辑图。

图中 TCMS 控制相关系统有：MC：司控器；ATC：信号系统；BCU：制动系统；EDCU：门控系统；SIV：辅助系统；HVAC：空调系统；FAS：火灾报警系统；DCU：牵引系统。

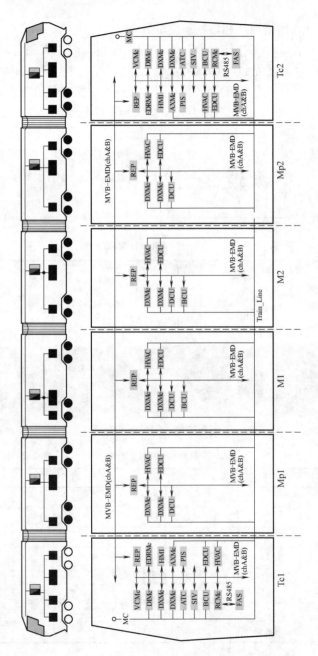

图 2.2-42 TCMS 逻辑图

3. 列车网络控制和诊断系统拆分

国内某型地铁列车的 TCMS 采用的某电气股份有限公司生产的网络控制系统 DTECS 平台产品。列车控制级总线和车辆控制级总线均采用 EMD 电器中距离介质的多功能车辆总线（MVB）。中继模块 REP 作为列车总线和车辆总线的网关、实现列车级总线到车辆总线的数据转发功能。

系统配置可以分为 6 大部分：（1）列车控制模块；（2）事件记录模块；（3）中继模块；（4）I/O 模块；（5）通信模块；（6）人机接口模块。

列车网络控制和诊断系统见图 2.2-43～图 2.2-45、表 2.2-31。

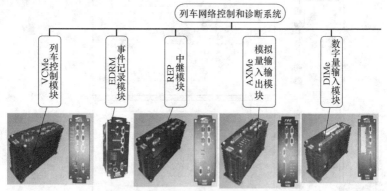

图 2.2-43 列车网络控制和诊断系统（一）

列车控制和诊断系统部件　　　　　　　表 2.2-31

一级部件	序号	二级部件		Tc	Mp	M	总数
列车控制和诊断系统	1	列车控制模块	VCMe	1	—	—	2
	2	事件记录模块	EDRM	1	—	—	2
	3	中继模块	REP	1	1	1	6
	4	I/O 模块	AXMe	1	—	—	2
	5		DIMe	1	—	—	2
	6		DXMe	2	2	2	12
	7	通信模块	RCMe	1	—	—	2
	8	人机接口模块	HMI	1	—	—	2

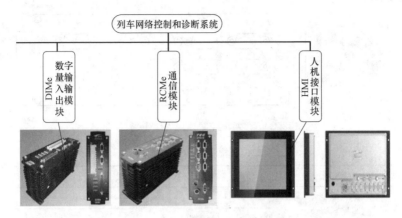

图 2.2-44 列车网络控制和诊断系统（二）

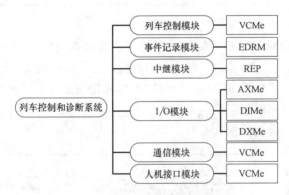

图 2.2-45 列车网络控制和诊断系统

（1）列车控制模块（VCMe）

VCMe 通过 MVB 与其他设备通信、是 TCMS 的核心、具备的功能有：①车辆级过程控制。执行如牵引控制、制动控制、空电联合控制和空调顺序启动等一系列控制功能；②通信管理。具有多功能车辆总线 MVB 的管理能力、并且能够进行被动的主权转移功能；③显示控制。与智能显示装置 HMI 显示有关的数据传输；④故障诊断。状态数据、故障数据的采集处理、并通过 HMI 报告司机（图 2.2-46、表 2.2-32）。

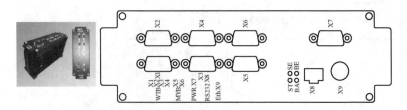

图 2.2-46 列车控制模块 VCMe 示意图

列车控制模块（VCMe）部件　　　　表 2.2-32

二级部件	序号	三级部件	数量	备注
列车控制模块（VCMe）	1	盒体	1	
	2	M5 螺钉	4	不锈钢平头螺钉
	3	M4 接地线螺栓	2	

（2）事件记录模块（EDRM）

EDRM 是数据转储的关键部件、通过多功能车辆总线与其他设备通信。具备以下功能：①数据记录。将司机操作数据、故障数据、事件数据、VCMe 故障数据等记录下来；②数据转存。可以通过车载信息网（工业以太网）下载记录的数据、使用有关软件工具分析（图 2.2-47、表 2.2-33）。

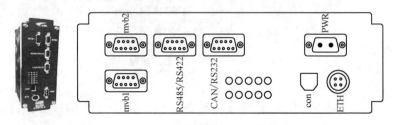

图 2.2-47　事件记录模块 EDRM 示意图

（3）中继模块（REP）

REP 是提供信号的中继放大的设备、每节车安装有 1 个、全车共 6 个。REP 主要用于将单节车组上的智能设备通过 MVB 总线互连成列车通信网（图 2.2-48、表 2.2-34）。

事件记录模块 (EDRM) 部件　　　表 2.2-33

二级部件	序号	三级部件	数量	备注
事件记录模块 (EDRM)	1	盒体	1	
	2	M5 螺钉	4	不锈钢平头螺钉
	3	M4 接地线螺栓	2	

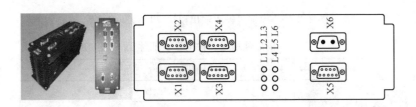

图 2.2-48　中继模块 REP 示意图

中继模块 (REP) 部件　　　表 2.2-34

二级部件	序号	三级部件	数量	备注
中继模块 (REP)	1	盒体	1	
	2	M5 螺钉	4	不锈钢平头螺钉
	3	M4 接地线螺栓	2	

(4) 输入、输出模块 (I/O)

I/O 包括数字量输入、输出模块和模拟量输入、输出模块。具体包括：模拟量输入、输出模块 AXMe、数字量输入模块 DIMe、数字量输入、输出模块 DXMe。

1) 模拟量输入、输出模块 AXMe 安装于司机室后的设备柜中、每节 Tc 车 1 个，共 2 个。用于实现模拟量信号的采集输入和控制输出、通过 MVB 总线与 VCMe 通信。具备输入信号采集和控制信号输出功能。将车辆间电气信号转换成控制信号、经由列车控制网络传送给车辆控制模块 VCMe、完成各种控制功能；将网络控制信号转换成电气信号、控制诸如仪表等设备（图 2.2-49、表 2.2-35）。

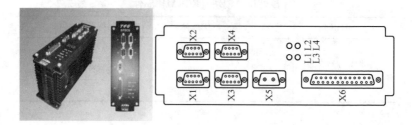

图 2.2-49 模拟量输入输出模块（I/O）示意图

模拟量输入、输出模块部件　　　　　表 2.2-35

二级部件	序号	三级部件	数量	备注
模拟量输入、输出模块 AXMe	1	盒体	1	
	2	M5 螺钉	4	不锈钢平头螺钉
	3	M4 接地线螺栓	2	

2) 数字量输入模块 DIMe 安装于司机室后的设备柜中、每节 Tc 车 1 个、共 2 个。用于实现数字量信号的采集功能。将车辆间电气信号转换成控制信号、经由列车控制网络传送给 VC-Me、完成各种控制功能（图 2.2-50、表 2.2-36）。

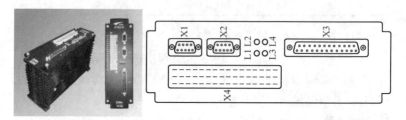

图 2.2-50 数字量输入模块 DIMe 示意图

数字量输入模块 DIMe 部件　　　　　表 2.2-36

二级部件	序号	三级部件	数量	备注
数字量输入模块 DIMe	1	盒体	1	
	2	M5 螺钉	4	不锈钢平头螺钉
	3	M4 接地线螺栓	2	

3)数字量输入、输出模块 DXMe

数字量输入、输出模块 DXMe 安装于每节车的继电器柜中、每节车 2 个、共 12 个。用于实现数字量信号的采集输入和控制输出。具体功能为:将车辆间电气信号转换成控制信号、经由列车控制网络传送给 VCMe、完成各种控制功能是:将网络控制信号转换成电气信号、控制诸如指示灯、继电器等设备(图 2.2-51、表 2.2-37)。

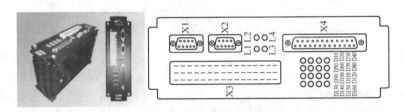

图 2.2-51 数字量输入输出模块 DXMe 示意图

数字量输入、输出模块 DXMe 部件　　表 2.2-37

二级部件	序号	三级部件	数量	备注
数字量输入输出模块 DXMe	1	盒体	1	
	2	M5 螺钉	4	不锈钢平头螺钉
	3	M4 接地线螺栓	2	

(5)通信模块 RCMe

通信模块 RCMe 用于实现 RS485 通信接口和车辆总线 MVB 通信接口的转换,将不具有 MVB 通信接口的设备联结到 MVB 网络上(图 2.2-52、表 2.2-38)。以国内某型地铁列车为例、火

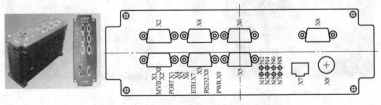

图 2.2-52 通信模块 RCMe 示意图

灾报警系统 FAS 采用的是 RS485 通信。FAS 的报警信号通过 RCMe 传输到 TCMS、通过人机接口模块 HMI 屏显示给司机。

通信模块 RCMe 部件　　　　　　表 2.2-38

二级部件	序号	三级部件	数量	备注
通信模块 RCMe	1	盒体	1	
	2	M5 螺钉	4	不锈钢平头螺钉
	3	M4 接地线螺栓	2	

(6) 人机接口模块 HMI

人机接口模块 HMI 屏,是 TCMS 的显示终端设备、是司机和维护人员操作机车的窗口。安装在司机室司机台中央、每节 Tc 车 1 个、共 2 个。通过多功能车辆总线 MVB 与其他设备通信（图 2.2-53、表 2.2-39）。

人机接口模块 HMI 屏主要功能有：①信息显示。向车辆驾驶人员和维护人员提供车辆综合信息、各设备的工作状态、故障信息的综合与处理等功能；②参数设定。对轮径值、列车重量、站点、时间日期等参数进行更改与设定；③功能测试。进行列车运行时加速度、减速度、制动距离等基本参数的测试；④数据转储。将故障信息转储地面进行统计、分析。

图 2.2-53　人机接口模块 HMI 示意图

人机接口模块 HMI 部件　　　　表 2.2-39

二级部件	序号	三级部件	数量	备注
人机接口模块 HMI	1	HMI 屏	1	
	2	M5 螺钉	4	十字盘头螺钉
	3	M4 接地线螺栓	2	

4. 列车 110V 控制系统拆分

列车 110V 控制系统主要由司机控制器、旋钮、按钮、指示灯和继电器组成。

(1) 司机控制器

司机控制器简称司控器、是用来操纵地铁车辆运行的设备（图 2.2-54）。利用控制电路的低压电器间接控制主电路的电气设备、进而调整列车的运用工况和行车速度。

图 2.2-54　司机控制器示意图

司机控制器的面板上有换向手柄和控制手柄两种操作机构。换向手柄有："向后"、"0"、"向前"三个挡位。控制手柄有：牵引区、0 位、制动区、快速制动位 4 个挡位。

控制手柄在"0"位、牵引最大位、制动最大位、快速制动位有限位、当运动到这些地方时手柄不能连续转动。在牵引和制动挡位范围内为无级调节、通过转动同轴的驱动电位器用来调节输入到电子柜的电压指令、从而达到调节机车牵引力和制动力的目的。换向手柄在"向后"、"0"、"向前"三个挡位均有限位、换向手柄稳定在相应的挡位中。

司控器主要由：中控锁、方向手柄、换向凸轮、控制手柄、控制凸轮、电位器、行程开关等部件组成。

1) 中控锁

中控锁安装在司控器操作手柄的右侧。电气上通过行程开关运动可以实现司机室占有功能；机械上可以实现与方向手柄的互锁功能，即不解锁中控锁则无法推动方向手柄（图2.2-55、表2.2-40）。

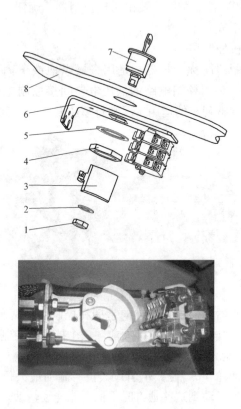

图2.2-55 中控锁示意图

2) 方向手柄

方向手柄又称换向手柄、"向后"、"0"、"向前"三个挡位、

图 2.2-55 中控锁部件　　　　　表 2.2-40

二级部件	序号	三级部件	数量	备注
中控锁	1	小螺母	1	
	2	垫圈	1	
	3	连锁凸轮	1	
	4	大螺母	1	
	5	大垫圈	1	
	6	连锁支板	1	
	7	锁体	1	
	8	操纵台安装板	1	

用于改变列车运行方向。方向手柄与中控锁和控制手柄互锁。当方向手柄不在"0"位、不能拔出中控钥匙；当控制手柄不在"0"位、方向手柄不能推动（图2.2-56、表2.2-41）。

图 2.2-56 方向手柄部件　　　　　表 2.2-41

二级部件	序号	三级部件	数量	备注
方向手柄	1	换向手柄轴	1	
	2	换向手柄座	1	
	3	锁闭板	1	
	4	换向齿轮	1	
	5	换向操作杆	1	
	6	限位柱	1	
	7	锁紧螺钉	1	
	8	换向手柄	1	
	9	M5X25 螺钉	5	
	10	垫圈	5	

　　换向手柄的推动运动、通过换向齿轮与换向轴之间的键连接、转变为换向轴的转动。

　　3）换向凸轮

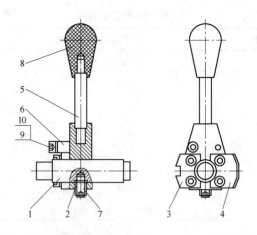

图 2.2-56 方向手柄示意图

换向凸轮安装在换向轴上、将机械运动转化为行程开关的动作、实现机械信号和电信号之间的转换。换向手柄的推动运动、通过换向齿轮与换向轴之间的键连接、转变为换向轴的转动。换向凸轮随着换向轴的转动而转动、进而带动行程开关的动作（图 2.2-57、表 2.2-42）。

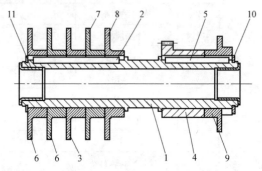

图 2.2-57 换向凸轮示意图

4）控制手柄

控制手柄安装在主控手柄右侧，与方向手柄互锁。当方向手柄在"0"位时，控制手柄不能推动。控制手柄顶端安装有警惕

图 2.2-57 换向凸轮部件　　　　　表 2.2-42

二级部件	序号	三级部件	数量	备注
换向凸轮	1	换向轴	1	
	2	键Ⅱ	1	
	3	换向凸轮-3	1	
	4	换向齿轮	1	
	5	键Ⅰ	1	
	6	换向凸轮-1	1	
	7	换向凸轮-2	1	
	8	换向凸轮-3	1	
	9	换向连锁轮	1	
	10	轴用挡圈	1	28
	11	衬套		18×15

按钮，当列车为手动驾驶模式时，在驾驶过程中必须按压警惕按钮，松开时间不超过 3s，否则会触发紧急制动（图 2.2-58、表 2.2-43）。

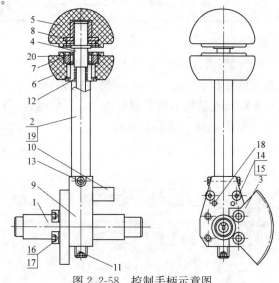

图 2.2-58　控制手柄示意图

图 2.2-58 控制手柄部件　　　表 2.2-43

二级部件	序号	三级部件	数量	备注
控制手柄	1	控制手柄轴	1	
	2	空心轴	1	
	3	控制扇齿轮	1	
	4	控制操纵杆	1	
	5	控制手柄Ⅰ	1	
	6	控制手柄Ⅱ	1	
	7	下紧固套	1	
	8	上紧固套	1	
	9	控制手柄座	1	
	10	控制限位块	1	
	11	锁紧螺钉	1	
	12	弹簧	1	
	13	螺钉	1	M3×6
	14	螺钉	1	M4×30
	15	垫圈 4	1	
	16	螺钉	1	M5×25
	17	垫圈 5	1	
	18	圆柱销	1	B4×18
	19	圆柱销	1	B4×12
	20	衬套	1	10×10

5) 控制凸轮

控制凸轮安装在换向轴上、将机械运动转化为行程开关的动作、实现机械信号和电信号之间的转换。控制手柄的推动运动、通过控制扇齿轮与控制轴上的控制圆齿轮之间的啮合、转变为换向轴的转动（图 2.2-59、表 2.2-44）。

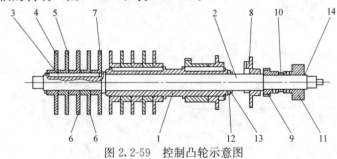

图 2.2-59　控制凸轮示意图

图 2.2-59 控制凸轮部件　　　　表 2.2-44

二级部件	序号	三级部件	数量	备注
控制凸轮	1	换向凸轮组件	1	
	2	控制轴	1	
	3	键Ⅱ	1	
	4	控制凸轮1	1	
	5	控制凸轮2	1	
	6	控制凸轮3	1	
	7	控制凸轮4	1	
	8	控制连锁板	1	
	9	控制圆齿轮	1	
	10	隔套1	1	
	11	阻尼滑环	1	
	12	隔套2	1	
	13	挡圈	1	18
	14	挡圈	1	16

6) 电位器

电位器主要用于将控制手柄的级位信息、以电压指令的形式传输到信号采集模块、从而达到调节机车牵引力和电阻制动的目的（图2.2-60）。

图 2.2-60　电位器示意图

7）电位器

司机控制器上的速动开关为型号为 S826a/L、在换向凸轮和控制凸轮配合下实现开合动作，为 TCMS 提供列车状态信号和控制信号（图 2.2-61、表 2.2-45）。

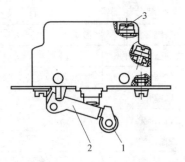

图 2.2-61 电位器示意图

图 2.2-61 电位器部件　　　　表 2.2-45

二级部件	序号	三级部件	数量	备注
行程开关	1	滚轮	1	
	2	滚轮架	1	
	3	螺钉	1	M3×8

（2）旋钮

旋钮在列车 110V 控制系统中主要用于列车照明控制、开门模式控制、司机室通风控制、旁路控制等（图 2.2-62）。具体形式可分为二位自锁旋钮、三位自锁旋钮、三位自复位旋钮、四位自锁旋钮、五位自锁旋钮等。

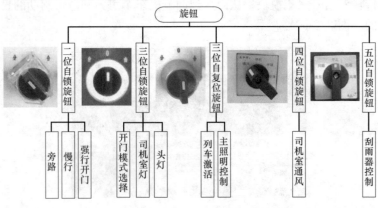

图 2.2-62　旋钮

(3) 按钮

列车上按钮类型分为自锁型按钮和自复位型按钮两种类型（图 2.2-63）。除紧急停车按钮为自锁型之外、车上其他按钮均为自复位型。自锁型按钮在被按下后可以保持该状态、直到操作其复位动作后才能恢复初始状态。自复位仅在被按下时改变状态、松开后恢复初始状态。

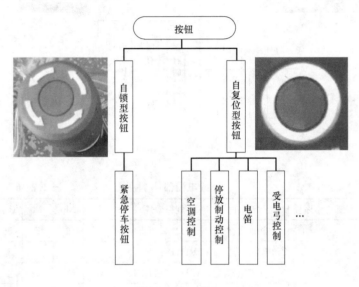

图 2.2-63　按钮

(4) 指示灯

国内某型地铁列车项目指示灯外观与按钮相同，区别为不可按压，仅起到视觉提醒的作用（图 2.2-64）。指示灯按颜色分为红色和绿色。

(5) 继电器

列车 110V 控制系统中，继电器的主要作用是利用输入信号来控制输出信号（表 2.2-46、图 2.2-65）。具体原理为：当继电器输入端的电位发生变化时，内都常闭触点断开，常开触点闭合，对应触点连接的输出电路的状态改变。

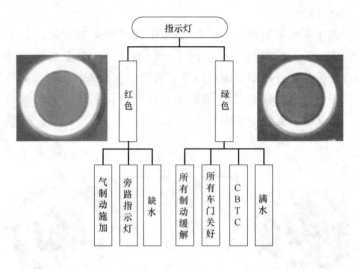

图 2.2-64 指示灯

继电器部件 表 2.2-46

二级部件	序号	三级部件	规格型号	Tc	Mp	M	总数
继电器	1	中间继电器	3RH2122-2KF40	13	9	6	56
	2	中间继电器	3RH2131-2KF40	10	8	6	48
	3	中间继电器	3RH2140-2KF40		1		2
	4	继电器	CU-204-GE+V10	2			4
	5	继电器	3TH4244-0LF4	3	1	1	10
	6	继电器	3TH4253-0LF4	2			4
	7	继电器	3TH4262-0LF4	14		2	32
	8	接触器	3RT1017-2KF41	5	2	2	18
	9	接触器	3RT1017-2KF42	1	3	1	10
	10	时间继电器	3RP1505-2AW30	3			6
	11	时间继电器	3RP1505-2BW30	1			2

继电器安装种类可以分为：普通继电器 3TH、中间继电器 3RH、时间继电器 3RP、接触器 3RT。

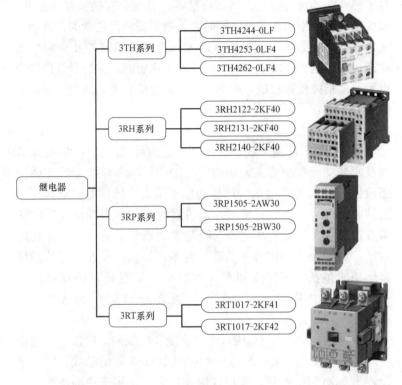

图 2.2-65 继电器部件图

2.2.4 乘客信息系统

1. 系统简介

乘客信息系统,以下简称 PIS(Passenger Information System)。是依托计算机网络、通信、多媒体等技术,以计算机系统为核心,以车载终端为媒介,向乘客提供音视频信息服务的综合性信息系统;集成了列车公共广播、对讲、通信、无线电、信息显示、线路动态地图显示、联挂运营、视频监控及媒体播放的多功能系统。

作为电客车信息传递的 PIS,必须有较高的动态性和可靠性。其主要功能为播放列车到站动态音视频运营信息,使旅客及时了解列车的运行情况、到站信息等，方便旅客换乘其他线路，减少旅客下错站的可能性。同时，为乘客提供高质量的音视频和文本信息，为运营控制中心（OCC）提供视频监控和声频广播功能；并在电客车发生紧急情况或发生灾害时，进行紧急广播及指示，以指挥旅客疏散，调度工作人员抢险救灾，减少意外造成的损失。

2. 功能介绍

PIS由列车广播系统、线路图动态显示系统、列车视频监视及媒体播放系统等3大功能模块组成。列车广播系统具体功能包括：OCC无线电语音广播功能、司机广播功能、乘客与司机的紧急对讲功能、司机室与司机室的内部对讲功能、数字化语音报站与关门提示功能等。线路图动态显示系统，具体功能包括：LED动态地图显示功能。列车视频监视及媒体播放系统具体功能包括：司机室和客室内的CCTV视频监控和存储功能、LCD媒体播放显示功能、贯通道LED运营信息显示功能等。

PIS通常设置两类总线，广播总线和以太网。广播总线包括一组对讲总线，一组声频总线和一组RS485通信总线。以太网设置1000M以太网线，采用环网连接方式，用于视频监视系统和多媒体显示的音视频传输和控制。

列车两端司机室内均安装有一套相互冗余的系统控制设备，控制整列车的PIS的运行。每个客室内均安装有一套相同的客室控制设备，所有的客室控制设备均为总线-星型连接，任何一个客室控制设备的损坏都不会导致其他控制设备的失效。

3. 乘客信息系统拆分

PIS在列车上的布局共有两种形式，带司机室的Tc车和不带司机室的Mp/M车有所区别，但设备种类、数量、安装位置基本相同。图2.2-66～图2.2-70、表2.2-47以Tc车为例，介绍PIS各部件的安装位置。

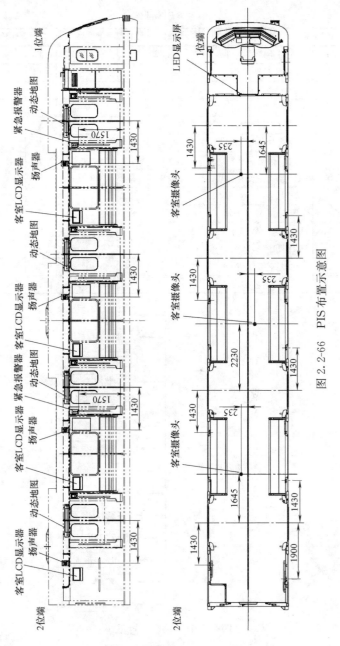

图 2.2-66 PIS 布置示意图

2 地铁电客车系统组成及研究

PIS 部件　　　　　　　　表 2.2-47

序号	名称	Tc1	Mp1	M1	M2	Mp2	Tc2	总数量(列)
1	司机室广播主机	1					1	2
2	客室控制机柜	1					1	2
3	广播控制盒	1					1	2
4	司机室扬声器	1					1	2
5	客室扬声器	8	8	8	8	8	8	48
6	乘客紧急报警器	4	4	4	4	4	4	24
7	网络硬盘录像机	1	1	1	1	1	1	6
8	LED 动态地图显示屏	8	8	8	8	8	8	48
9	司机室 LCD 触摸屏	1					1	2
10	客室 LCD 显示器	8	8	8	8	8	8	48
11	贯通道 LED 显示屏	2	2	2	2	2	2	12
12	司机室摄像头	2					2	4
13	客室摄像头	3	3	3	3	3	3	18
14	受电弓监控摄像机		1			1		2

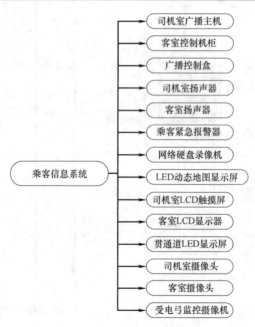

图 2.2-67　乘客信息系统（一）

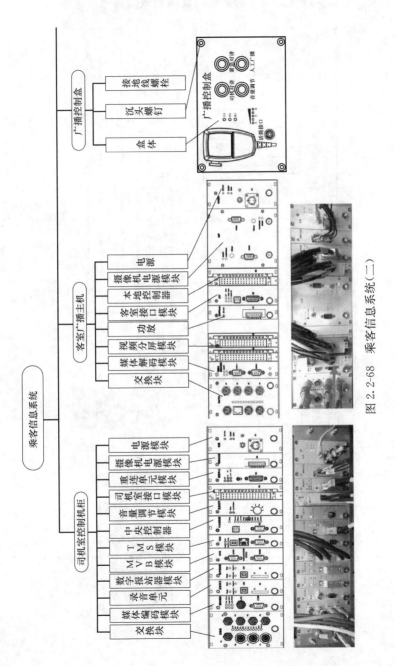

图 2.2-68 乘客信息系统(二)

2 地铁电客车系统组成及研究

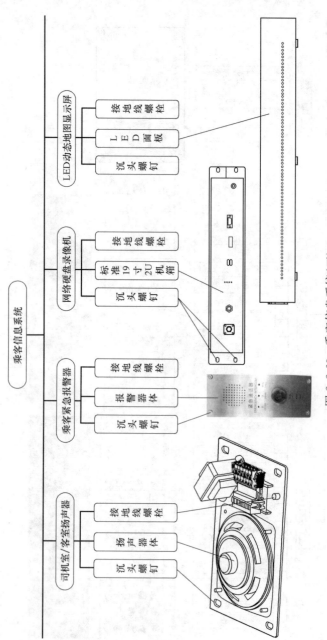

图 2.2-69 乘客信息系统(三)

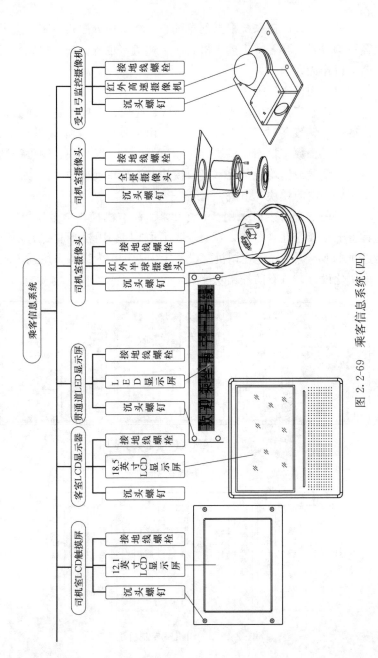

图 2.2-69 乘客信息系统（四）

列车有线广播系统根据列车编织方式采用分散式控制,每个客室均设有一套客室广播主机、两个司机室也各有一套司机室广播主机作为冗余。

(1) 司机室广播主机

司机室广播主机主要完成与 MVB 通信、广播控制、地面媒体视频流转发等功能(图 2.2-71)。由交换机、媒体编码模块、录音单元、数字报站器模块、MVB 模块、TMS 模块、中央控制器、音量调节模块、司机室接口模块、重连单元模块、摄像机电源模块、电源模块等组成。

司机室广播主机采用 19 英寸 3U 标准机柜,全金属外壳,具备电磁兼容性(图 2.2-72)。机柜面板均采用松不脱螺钉,通过 4 个 M5 螺钉固定在司机室设备柜内;机柜内设备采用插卡式模块化设计,具有防插错功能。

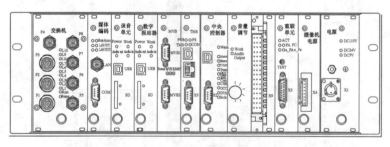

图 2.2-71　司机室广播主机示意图

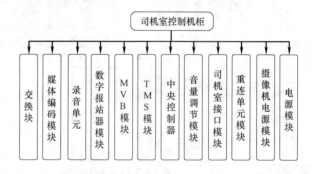

图 2.2-72　司机室控制机柜

（2）客室广播主机

客室广播主机采用标准19寸3U机箱，安装在客室继电器柜中（图2.2-73）。客室广播主机各模块从左到右顺序依次是：交换机、媒体解码模块、视频分屏模块、功放、客室接口模块、本地控制器、摄像机电源模块、电源模块等，客室控制机柜见图2.2-74。

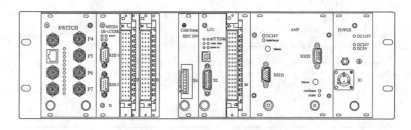

图2.2-73 客室广播主机示意图

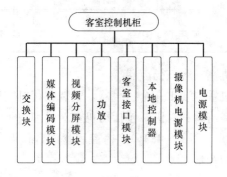

图2.2-74 客室控制机柜

（3）广播控制盒

广播控制盒采用嵌入式，安装于司机室操作台上，结构简单，占用空间小，是广播系统与外界交互的人机界面（图2.2-75、表2.2-48）。具有音量调节、紧急对讲、司机对讲、人工广播功能。广播控制盒通常采用手持话筒的方案，用于司机对客室广播，司机室与司机室内部通话，司机与乘客紧急对讲。

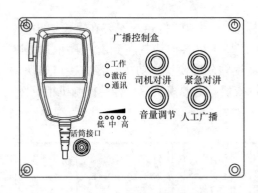

图 2.2-75　广播控制盒示意图

广播控制盒部件　　　　　　　　　　　　　　表 2.2-48

二级部件	序号	三级部件	数量	备注
广播控制盒	1	盒体	1	
	2	沉头螺钉	4	M6
	3	接地线螺栓	1	M4

（4）司机室、客室扬声器

每个司机室内装 1 有个扬声器,安装在司机室顶棚上。主要用于客室广播监听和对讲,包括司机室对讲和用于广播监听和对讲（图 2.2-76、表 2.2-49）。广播控制盒的音量调节可以控制司机室扬声器的音量。

扬声器部件　　　　　　　　　　　　　　　　表 2.2-49

二级部件	序号	三级部件	数量	备注
扬声器	1	扬声器体	1	
	2	沉头螺钉	4	M6
	3	接地线螺栓	1	M4

每节车内装有 8 个客室扬声器,安装在客室座椅上方的侧顶板内。用于播放报站广播、人工广播和应急广播等信息。每节车

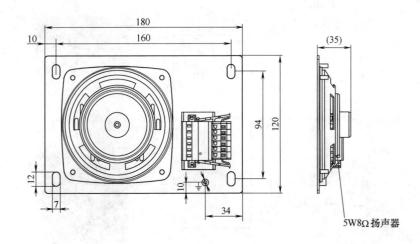

图 2.2-76 司机室、客室扬声器示意图

内所有的扬声器都是由该车的控制机柜内的功放模块驱动。

(5) 乘客紧急报警器

每节车厢在靠近车门处设 4 个乘客与司机紧急通话装置（图 2.2-77、表 2.2-50）。紧急通话装置拥有独立的通信通道，在激活后不会影响到列车的其他广播，同时司机可以在司机室选择是否接听。乘客报警后，系统可以自动记录报警状态、司机响应的时间、司机与报警乘客的通话内容等。同时列车监控系统会收到报警信号，使 CCTV 监控屏自动切换报警处的监控画面。

乘客紧急报警器部件　　　　　　表 2.2-50

二级部件	序号	三级部件	数量	备注
乘客紧急报警器	1	报警器体	1	
	2	沉头螺钉	4	M6
	3	接地线螺栓	1	M4

(6) 网络硬盘录像机

网络硬盘录像机安装在司机室左后方或客室的设备柜内（图 2.2-78、表 2.2-51）。主要用于存储司机室摄像机、客室摄像机

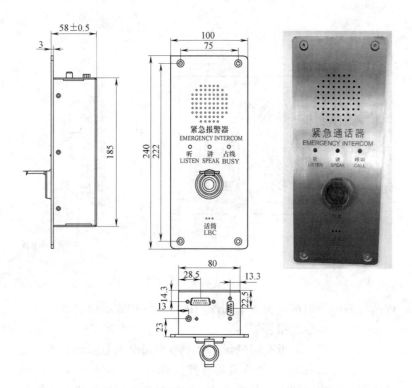

图 2.2-77 乘客紧急报警器示意图

和弓网摄像机的录像。每个网络硬盘录像机安装1个1T或2个512G硬盘,可以满足同时输入8台摄像机的录像,存储7天,每天20h监控视频连续录像的要求。

图 2.2-78 网络硬盘录像机示意图

网络硬盘录像机部件　　　　　　　　表 2.2-51

二级部件	序号	三级部件	数量	备注
网络硬盘录像机	1	标准 19 寸 2U 机箱	1	
	2	沉头螺钉	4	M6
	3	接地线螺栓	1	M4

(7) LED 动态地图显示屏

每节车厢安装 8 个 LED 动态地图显示屏，安装在每个车门上方的侧顶板中间（图 2.2-79、表 2.2-52）。用贴膜文字标注各车站名以及换乘线路，每个车站有一个双色 LED 灯，已经走过的站点对应的 LED 灯熄灭，未到达的所有站的 LED 显示绿灯，列车行驶方向流水点亮方式显示，即将到达下一站的 LED 显示橙灯闪烁。屏幕两端有绿色向下箭头提示开门本侧开门或异侧开门。

LED 动态地图显示屏部件　　　　　　　表 2.2-52

二级部件	序号	三级部件	数量	备注
LED 动态地图显示屏	1	LED 面板	1	
	2	沉头螺钉	6	M6
	3	接地线螺栓	1	M4

动态地图显示屏具有可扩展性，可根据线路扩展和延长的需要，可通过更换贴膜满足站点增删改的需求。内部 LED 灯板预留 LED 灯，可以适应不同交路运营的要求。具体显示内容，显示方式，字体颜色等可依据客户要求做设计。

(8) 司机室 LCD 触摸屏

司机室 LCD 触摸屏又称 CCTV 监控屏。每个司机室司机台右侧安装一台 12.1 英寸监控触摸显示屏，用于显示各车摄像头的视频监视画面（图 2.2-80、表 2.2-53）。司机可通过触摸屏选择查看各车厢情况，另一端司机室及车外（弓网摄像头）的监控情况。可以设置成单画面显示、四分屏显示等。

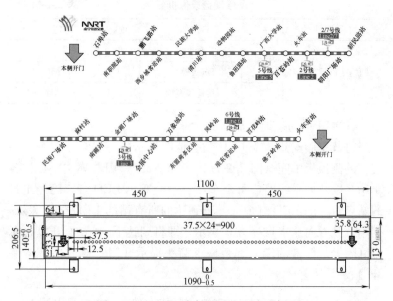

图 2.2-79 LED 动态地图显示屏示意图

当任一车门紧急解锁装置触发、任一紧急对讲装置触发、任一火灾报警装置触发等联动事件触发时,司机室 LCD 触摸屏会切换显示相关摄像头的画面。

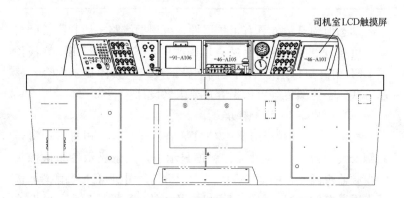

图 2.2-80 司机室 LCD 触摸屏示意图

司机室 LCD 触摸屏部件　　　　　　　表 2.2-53

二级部件	序号	三级部件	数量	备注
司机室 LCD 触摸屏	1	12.1 英寸 LCD 显示屏	1	
	2	沉头螺钉	4	M6
	3	接地线螺栓	1	M4

(9) 客室 LCD 显示屏

每个客室安装 8 个 18.5 英寸 LCD 显示屏，安装在车门旁的客室墙壁上（图 2.2-81、表 2.2-54）。用于播放实时直播视频或预存的视频、图文信息等。司机室广播主机的媒体编码模块将媒体视频流通过列车以太网络系统，发送到各车客室广播主机的视频解码模块，将以太网传送的数字视频信息转化为 VGA 信号，通过视频分屏模块分配给 8 块 LCD 显示屏显示。

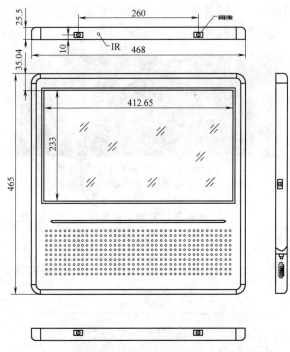

图 2.2-81　客室 LCD 显示屏示意图

客室LCD显示屏部件　　　　　表2.2-54

二级部件	序号	三级部件	数量	备注
客室LCD显示屏	1	18.5英寸LCD显示屏	1	
	2	沉头螺钉	4	M6
	3	接地线螺栓	1	M4

当存在报站广播或紧急广播时，将会通过以太网络发送广播状态信息给车载LCD播放控制器，使其自动切断或降低来自车载媒体播放系统的声频信号。

（10）贯通道LED显示屏

客室内两端的贯通道上和司机室间隔门通道上方，设置有贯通道LED显示屏，可以显示目的地、到站站名、下一站站名及其他宣传文字（图2.2-82、表2.2-55）。在没有广播的情况下，持续滚动显示下一站到站、终点站等信息，显示屏显示内容可以根据不同交路运营的要求进行设置。

图2.2-82　贯通道LED显示屏示意图

贯通道LED显示屏部件　　　　　表2.2-55

二级部件	序号	三级部件	数量	备注
贯通道LED显示屏	1	LED显示屏	1	
	2	沉头螺钉	4	M6
	3	接地线螺栓	1	M4

屏幕内将采用红色超高亮度发光LED模块显示，发光直径为$\phi 3mm$，字迹醒目，显示简体中文和英文，能显示至少9个

(16×16)汉字。

(11) 司机室摄像头

每个司机室安装两个红外半球摄像机,具有红外线夜视功能(图2.2-83、表2.2-56)。一个朝向司机座椅方向,用于监视司机室内情况;一个朝向列车正前方,用于监视列车前方轨道。

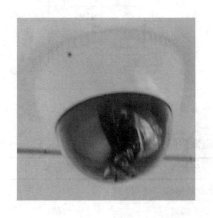
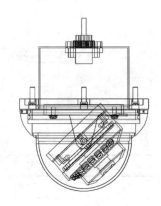

图2.2-83 司机室摄像头示意图

司机室摄像头部件　　　　　表2.2-56

二级部件	序号	三级部件	数量	备注
司机室摄像头	1	红外半球摄像头	1	
	2	沉头螺钉	3	M4
	3	接地线螺栓	1	M4

(12) 客室摄像头

每节车客室安装有3个360°全方位摄像头,分别安装在客室两端及中部的中顶板上(图2.2-84、表2.2-57)。摄像机间监视图像通过软件处理,可实现无缝连接,实现包括车厢、客室车门、车门紧急解锁装置、车门切除装置、紧急通话装置和贯通道等监控区域的全覆盖。且能清楚地显示监视范围内所有人员活动的情况和辨别出人员的基本轮廓特征。

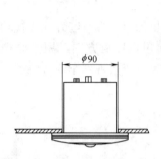 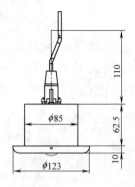

图 2.2-84 客室摄像头示意图

客室摄像头部件　　　　　　表 2.2-57

二级部件	序号	三级部件	数量	备注
客室摄像头	1	全景摄像头	1	
	2	沉头螺钉	3	M4
	3	接地线螺栓	1	M4

(13) 受电弓监控摄像机

国内某型地铁列车项目中, 仅项目首两列车装配有受电弓监控摄像机, 设置在 Mp 车受电弓的后方为红外高速摄像机。主要用于监控受电-接触网状态。尤其是受电弓出现异常或是故障时, 作为检查受电弓运行状态的重要手段 (图 2.2-85、表 2.2-58)。

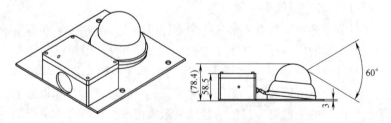

图 2.2-85 受电弓监控摄像机示意图

受电弓监控摄像机部件 表 2.2-58

二级部件	序号	三级部件	数量	备注
受电弓监控摄像机	1	红外高速摄像机	1	
	2	沉头螺钉	4	M10
	3	接地线螺栓	1	M4

3 典型故障分析

3.1 机械系统典型故障分析

1. 受电弓系统典型故障研究

（1）典型故障：受电弓弓角裂纹。

1）故障件：受电弓弓角。

2）故障现象：滑板支架与连接板的焊缝热影响区出现裂纹，且裂纹沿着焊缝边缘（熔合线）扩展（图3.1-1）。

图 3.1-1 裂纹

3）故障原因：受电弓弓角采用铝合金材质进行焊接形成，焊后铝合金材料的力学性能衰减严重，导致其机械强度及抗疲劳能力降低。

4）故障影响：弓角断裂导致正线出现刮弓等弓网故障，严重影响正线安全运营。

5）解决方案：

① 采用强度更高的铝合金进行整体铸造工艺，尽量减少焊接，以防止裂纹出现。

② 采用具有更高的机械强度、延伸率及抗疲劳能力的 Q235 碳钢材料弓角替代铝合金弓角。

6) 故障实例：国内某地铁 2011 年 8 月至 2012 年 6 月运营期间，上线运营列车 30 列，共发生受电弓弓角裂纹 178 起，严重影响列车正线安全运营。后经查明该线正线采用的是刚性接触网，刚性接触网弓网之间会产生较高频振动及冲击力，电客车焊接式的铝合金弓角无法适应刚性悬挂供电网线产生的弓网高频振动，导致弓角出现裂纹，将焊接式的铝合金弓角整体换型成整体铸造式的 5083 铝合金弓角，后续运营再未发现裂纹。

(2) 典型故障：受电弓快排阀漏气。

1) 故障件：受电弓快排阀。

2) 故障现象：受电弓无法升起或无法保持升起状态，同时车顶受电弓区域可听见明显漏气声（图 3.1-2）。

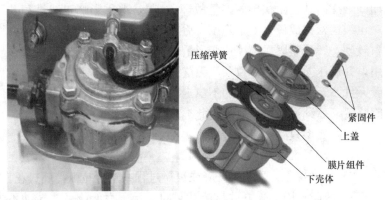

图 3.1-2　漏气

3) 故障原因：受电弓快排阀膜片材料较硬，螺栓紧固后，膜片变形量较小，部分膜片未起到密封作用，开启压差偏大，导致快排阀漏气。

4) 故障影响：正线运营时若出现受电弓快排阀漏气，会导致受电弓无法升起，造成大晚点及救援事件。

5) 解决方案：

① 采用柔韧性较好快排阀内膜片，膜片柔韧性较好，螺栓紧固后，挤压力会使膜片密封面变形，从而实现密封效果，避免泄漏问题。

② 取消快排阀装置，快排阀的功能是受电弓在出现弓网故障导致滑板破裂或滑板在磨损到极限时，滑板气道漏气，触发快排阀启动，引起快排阀快排口排风，受电弓气囊中的气体迅速被排出，受电弓快速降下，实现受电弓自动降弓，对受电弓起到保护作用，避免受电弓与接触网进一步破坏。但目前快排阀在城市轨道交通系统受电弓中运用比例较低，未发生过触发保护的情况，同时城市轨道交通项目较机车项目检查维护的频次较高，线路运用里程较短，线路运用环境较好，快排阀装置发挥保护作用概率很低，在城市轨道交通项目上安装使用的必要性不大。

6) 故障实例：国内某地铁 2016 年 1 月至 2017 年 2 月运营期间，库内共发生快排阀漏气故障 42 起，严重影响正线供车并对正线运营构成极大安全隐患。后经查明为受电弓快排阀膜片材料较硬，螺栓紧固后，膜片变形量较小，部分膜片未起到密封作用，开启压差偏大，导致漏风无法升弓。考虑到快排阀膜片为橡胶元件，运用中存在较大的不稳定性，经研究，取消车上的快排阀装置，后续运营再未发现过此类故障。

(3) 典型故障：受电弓拉弧。

1) 故障件：受电弓、接触网。

2) 故障现象：受电弓升降或运行过程中产生拉弧伴随火花。

3) 故障原因：受电弓与接触网的接触压力低或弓头转动不灵活、变形等。

4) 故障影响：受电弓升降或运行过程中产生拉弧伴随火花，导致受电弓及接触网烧损，造成正线清客、大晚点甚至救援事件。

5) 解决方案：① 调整受电弓的接触压力值，将最低接触压力值调高。②检查弓头是否能够灵活摆动，必要时更换弓头。

6）故障实例：国内某地铁 2011 年 10 月 30～31 日运营期间，司机报正线多趟列车运行过程中多次出现受电弓拉弧现象，行调指令故障列车限速运行。后经查明，由于该线正线采用的触网为刚性型，刚性接触网跟随性比柔性接触网要差，若受电弓静态接触压力偏小，容易引起拉弧问题，随后将受电弓的接触压力值由 120±10N 调整至 120±4N，后续运营再未发现过此类故障。

2. 转向架系统典型故障研究

(1) **典型故障**：轮对踏面擦伤、剥离、缺陷。

1）**故障件**：轮对踏面。

2）**故障现象**：轮对踏面擦伤、缺陷、剥离，列车运行时车底产生异响或明显抖动，严重时造成列车脱轨（图3.1-3）。

3）**故障原因**：轮对踏面擦伤是由于轮对踏面与钢轨轨面、闸瓦等出现滑动摩擦造成，往往是由于轮对出现空转、抱死闸、轮轴固死引起踏面产生滑动摩擦；踏面的剥离，其产生原因较为复杂，材质、擦伤、

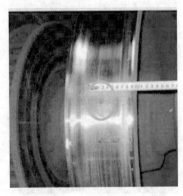

图 3.1-3 轮对踏面故障

热损伤、轮轨应力过大等均可造成，经运行中反复碾压、撕扯，在车轮表面上产生重皮，踏面出现片状剥落；踏面的缺陷，产生原因主要是存在铸造不良，在运用过程随着踏面的磨耗，逐渐暴露、出现孔眼或空窝等形状的缺陷。

4）**故障影响**：

① 继续运行时，将对轨面产生锤击作用，擦伤或剥离越严重、速度越高，锤击作用越大，不但增加了机车车辆振动，缩短

机车部件使用寿命,而且损伤钢轨及线路。

② 踏面损伤部位将导致轮轨间黏着状态的破坏,使列车制动力下降,延长了制动距离。

③ 若不处理继续运行,会导致扩大剥离或擦伤深度。

④ 运行时,车底会产生较大的异响及明显抖动。

5) 解决方案:上不落轮镟床进行镟轮。

6) 故障实例:国内某地铁电客车在试车线动态调试时,司机发现当列车运行速度超过5km/h,车底会发出明显异响。后经检查发现异响对应的转向架一轮对踏面存在一处擦伤长度约40mm、深度约5mm伤痕,对该轮进行镟轮后故障消失。

(2) 典型故障:车轮轮毂脱漆。

1) 故障件:车轮轮毂。

2) 故障现象:车轮轮毂出现脱漆掉漆现象(图3.1-4)。

3) 故障原因:喷涂处理工艺缺陷。

4) 故障影响:车轮轮毂脱漆,短期内会影响车轮轮毂美观,长远考虑,车轮轮毂脱漆部位易生锈,影响车轮轮毂整体性能,引入潜在故障。

图3.1-4 车轮轮毂脱漆掉漆

5) 解决方案:对掉漆部位进行打磨,主要是除去表面残留的油漆、锈蚀及污染物,再用清洗剂擦拭打磨表面,确保表面清洁度,后对掉漆部位进行油漆修补。

6) 故障实例:国内某地铁检修人员计划修时发现部分电客车出现车轮轮毂脱漆,现场普查发现全部列车均出现同样情况,经现场勘查和分析,确认为列车出厂前车轮轮毂在喷涂油漆前清洗不干净,油漆附着力不足所致。使用0号砂纸打磨车轮轮毂部位,去除表面轮毂的油漆、锈蚀及污染物,用清洁剂清洗轮毂,保证轮毂表面的清洁度,再喷涂上厚度约为 60μm 的底漆和面漆。

3. 供风制动系统典型故障研究

(1) 典型故障:EP2002 阀严重故障。

1) 故障件:EP2002 阀。

2) 故障现象:列车 HMI 上的 EP2002 阀图标显红,报 EP2002 阀严重故障,自动限速或对应的故障阀制动无法缓解导致列车不能动车(图 3.1-5)。

3) 故障原因:EP2002 内部的传感器、电气阀或密封橡胶元件故障导致。

图 3.1-5　EP2002 阀故障

4) 故障影响:列车自动限速或者制动无法缓解,导致正线清客、晚点及救援等重大安全隐患。

5) 解决方案:更换 EP2002 内部的故障件,如传感器、电气阀或密封橡胶元件等。如故障发生在正线载客运营时,在无法动车的情况下需立即将故障阀隔离,限速运行至下一站或终点站退出服务。

6) 故障实例:国内某地铁司机报列车在某站下行 ATO、ATP 和 RM 模式均无法动车,其中一 EP2002 阀图标显红,行调指令司机采用 NRM 模式动车,但当列车速度超过 5km/h 时列车产生紧制,随后司机清客并切除故障阀运营至存在线退出服务。后经查明为该阀内部电磁阀失效,更换该阀后故障消失。

(2) 典型故障:干燥塔干燥功能失效。

1) 故障件:干燥塔。

3　典型故障分析　|　**243**

图 3.1-6 干燥塔故障

2) 故障现象：列车风管回路存有大量积水。

3) 故障原因：干燥塔内部干燥剂失效，再生—干燥功能失效。

4) 故障影响：列车风管回路存有大量积水，导致回路中的储风、耗风部件如 EP2002 阀内部进水，造成制动缓解功能异常，列车无法动车或停车，对运营构成严重的安全隐患。

5) 解决方案：更换新的干燥塔，同时定期采用露点仪对风管回路的湿度进行检测，提前发现故障并处理，避免故障扩大而影响行车安全。

6) 故障实例：国内某地铁检修人员在进行电客车制动自检时，发现列车制动自检无法通过，虽多次测试，故障仍未消失，经检查发现列车多个 EP2002 阀内部有大量积水，使用露点仪对干燥塔出风口气体湿度进行测量，测量湿度远远超出正常值。后对干燥塔进行分解，确认为内部干燥剂失效导致。

（3）典型故障：压力开关动作触发阀值漂移。

1）故障件：压力开关。

2）故障现象：空压机

图 3.1-7 压力开关故障

未按设计的主风管压力值启动,同时报空压机中级故障(图3.1-7)。

3)故障原因:压力开关动作阀值出现下漂。

4)故障影响:压力开关动作阀值出现下漂时,空压机未按照设定的压力阀值启动,当列车耗风量较大的情况下,会出现主风管压力低,牵引封锁,无法牵引,造成列车晚点事件,严重影响正线运营。

5)解决方案:定期对压力开关动作阀值进行检测并校准。

6)故障实例:国内某地铁电客车在早晚高峰客流量较大的情况下经常出现列车主风管压力低、牵引封锁故障,经查明发现动作下限阀值分别为 0.68MPa、0.75MPa 的压力开关出现下漂,由 0.68MPa 下漂至 0.64MPa、0.75MPa 下漂至 0.69MPa,导致空压机打风启动较晚,在耗风量较大的情况下,供不应求。将压力开关阀值调整后,故障消失。

4. 车门系统典型故障研究

(1)典型故障:车门无法打开。

1)故障件:门控器、端子排或 S1 行程开关。

2)故障现象:列车在站台对标停车开门时,站台屏蔽门同时联动打开,但车门未打开。

3)故障原因:

① 车门门控器故障,门控器接线排插头接触不良,导致车门接收不到开门信号,零速信号及门允许信号。

② 锁到位开关 S1 间隙过小,导致 S1 无法复位,车门无法打开。

4)故障影响:车门无法打开,影响乘客上下车。

5)解决方案:复位门控器控制空气开关或切除车门继续运营;列车回库后更换门控器,重新插好插头或调整 S1 开关间隙。

6)故障实例:国内某地铁电客车某个门正线运营时在多个站出现车门无法打开故障,司机报行调后切除该门继续运营,列车回库后检查发现门控器端子排的零速控制线接头松脱,导致门

3 典型故障分析

控制未能接受零速信号,车门无法打开。

(2) 典型故障:车门无法关闭。

1) 故障件:门控器。

2) 故障现象:车门打开后无法关门,HMI 显示车门未完全关闭,无旁路信号。

3) 故障原因:门控器故障。

4) 故障影响:车门无法关闭,影响乘客安全。司机必须切除车门,可能会造成晚点。

5) 解决方案:正线切除车门继续运营;运营结束后回库更换门控器。

6) 故障实例:国内某地铁电客车某个门正线运营时多个站出现车门无法关闭故障,司机报行调后切除该门继续运营,列车回库后检查下载数据分析报车门电动机回路断开故障,检查相关部件外观,紧固并测量相关电流电压值未发现异常,更换门控器后故障消失,后期使用专用设备对门控器进行分解测试,确认为内部光耦元件故障。

(3) 典型故障:紧急解锁显示错误。

1) 故障件:紧急解锁开关 S3。

2) 故障现象:车门紧急解锁复位后 HMI 显示解锁状态,车门盖板上方开门指示灯亮。

3) 故障原因:车门紧急解锁行程开关 S3 间隙过小,解锁复位时开关不能顺畅复位。

4) 故障影响:列车无法动车,造成晚点。

5) 解决方案:正线切除车门继续运营;回库后调整 S3 开关间隙。

6) 故障实例:国内某地铁电客车某个门正线运营时 HMI 显为解锁状态,所有门关好灯不亮,列车无法动车,司机报行调后切除该门继续运营,列车回库后检查发现 S3 行程开关间隙仅 0.1mm,不在标准范围内,标准范围值 0.5~1.5mm。将 S3 行程开关调至 0.5~1.5mm 内,故障消失,车门功能正常。

(4)典型故障:司机室门无法打开。

1)故障件:司机室侧门开口销。

2)故障现象:司机室侧门无法打开。

3)故障原因:司机室侧门锁体内部开口销断裂,导致司机室侧门手柄无法和锁舌联动。

4)故障影响:司机无法进行站台作业,需要站务配合,可能会导致晚点。

5)解决方案:终点站退出服务,回库后更换锁体。

6)故障实例:国内某地铁电客车某站报左侧司机室侧门无法打开,司机无法到站台进行瞭望及关门作业,行调立即安排沿途车站人员配合司机进行关门作业及瞭望,故障列车到达终点后退出服务。列车回库后检查发现左侧司机室内部开口销断裂,导致司机室侧门手柄和锁体无法联动,车门无法打开,重新更换锁体后故障消失,开关门功能正常。

5.客室内装典型故障研究

(1)典型故障:车体端墙与贯通道干涉。

1)故障件:车体端墙。

2)故障现象:贯通道侧护板与端墙之间间隙过小,并有摩擦痕迹,列车在运营过程中,尤其是在过弯道的过程中发出"吱吱"的异响(图3.1-8)。

3)故障原因:制造安装工艺缺陷。

4)故障影响:异响影响乘客体验;贯通道侧护板摩擦,会导致侧护板脱漆,影响使用寿命。

图 3.1-8 车体端墙故障

5)解决方案:在相应端墙侧护板上下安装座底部加垫片。

6)故障实例:国内某地铁全线试运营以后,多次接到乘客投诉列车贯通道发出明显异响,尤其过弯道时更为明显,技术人员上车检查发现列车端墙面与折角面板不平齐，贯通道侧护板与端墙之间间隙过小，导致运行过程中产生干涉，采取在相应端墙侧护板上下安装座底部加垫片做法，避免贯通道与侧板产生干涉。

（2）典型故障：扶手吊环有裂纹。

1）故障件：扶手吊环。

2）故障现象：扶手吊环的塑料把手有裂纹。

3）故障原因：由于模具温度未达到工艺标准要求，模具、料筒等温度不均匀，材料分子未完全停止运动时固化定型，造成材料内部应力不均，出现应力裂口。同时冷却收缩后，内孔偏小，与受力挡片的配合间隙过紧，导致在外力作用下产生裂缝。

4）故障影响：影响乘客体验，可能会造成格栅掉落，影响乘客安全。

5）解决方案：列车回库后更换使用新工艺的扶手吊环。

6）故障实例：国内某地铁全线试运营以后，检修人员在检修过程中发现大量的扶手吊环出现裂纹，经普查共发现约1000件扶手吊环出现裂纹，占装车数的2/5。随后调查发现出现裂纹的均为同一批次产品，原因为模具温度未达到工艺标准要求，模具、料筒等温度不均匀，材料分子未完全停止运动时固化定型，造成材料内部应力不均，出现应力裂口。同时冷却收缩后，内孔偏小，与受力挡片的配合间隙过紧，导致在外力作用下产生裂缝。由于外观并无明显瑕疵、试装尺寸无误、质检环节没有发现，将1000件瑕疵扶手吊环更换后再未发现同类故障。

（3）典型故障：制动电阻异响。

1）故障件：制动电阻风机。

2）故障现象：车底发出异响，感觉到明显抖动。

3）故障原因：风机内部轴承损坏、风机轴向位置变化、内部转子与定子摩擦导致运行异响（图3.1-9）。

4）故障影响：强行运行制动电阻最终会烧坏风机，导致该制动电阻无法工作，系统保护下关停相应的牵引逆变器，列车缺

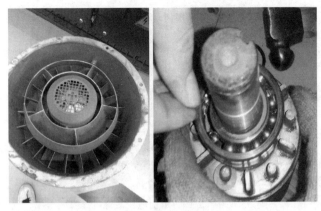

图 3.1-9 制动电阻风机故障

少一个 DCU 牵引需到终点站后退出服务。

5) 解决方案:列车回库后换上新的风机,使用振动测量仪器对其他车辆的制动电阻风机进行普查。

6) 故障实例:国内某地铁列车在正线运行时,车站人员报列车对应某屏蔽门有异响传出。随后司机和检修人员确认声音来至车底,类似电流的声音,初步判断是制动电阻风机转动产生的振动发出来的,声音比正常制动电阻的声音大,随后行调安排该车终点站退出服务,列车回库后,检查发现该车制动电阻风机在启动时风机叶片有晃动现象,风机转动异常,并发出异响,经确认为制动电阻风机故障,更换新风机备件,测试功能正常。

(4) 典型故障:牵引电动机脱漆。

1) 故障件:牵引电动机。

2) 故障现象:牵引电动机表面出现大范围的脱漆,掉漆部位主要集中在端盖、吊挂处以及机座壁焊接处(图 3.1-10)。

3) 故障原因:牵引电动机喷漆时机座死角处绝缘漆在浸漆后未清理干净。喷漆前未认真检查打磨死角。绝缘漆导致油漆附着力差;端盖上油污在喷漆前未清洗干净导致油漆附着力差。

4) 故障影响:牵引电动机表面漆大面积脱漆,绝缘漆裸露在外,运行存在隐患。

图 3.1-10　牵引电机故障

5）解决方案：

① 车辆段内：将机座死角掉漆部位用 80 号砂纸打磨，将绝缘漆或者是油污清理干净，然后用白布擦蘸稀释剂擦拭干净，对掉漆部位用羊毛刷进行补漆。

② 后续预防：与厂家沟通、加强浸漆工序浸漆后机座死角绝缘漆的清理检查；同时车间在喷漆前认真检查机座死角处，并认真打磨死角部位，确保清洁无绝缘漆后再进行喷漆。喷漆前用稀释剂认真清洗整机外观，去除油污后再进行喷漆。

6）故障实例：国内某地铁全线试运营以后，检修人员在检修过程中发现牵引电动机表面出现大范围的脱漆，经普查发现 480 台电动机中共有 51 台电动机出现大范围脱漆，约占装车数的 1/5。随后调查原因为牵引电动机喷漆时，机座死角处绝缘漆在浸漆后未清理干净，喷漆前未认真检查打磨死角，导致油漆附着力差；端盖上油污在喷漆前未清洗干净导致油漆附着力差。将脱漆部位补漆后油漆外观正常。

3.2　电气系统典型故障分析

1. 列车控制及诊断系统典型故障研究

列车控制及诊断系统分为网络控制系统部件和110V控制系统两大部分。网络控制系统各部件均为集成化程度较高的设备，它们通过MVB网络连接在一起，组件成一个完整的网络控制系统。110V控制系统则由各种按钮、继电器组成。

(1) 典型故障：不明原因紧急制动。

1) 故障件：不明。

2) 故障现象：列车在正线以自动模式ATO运行时发生紧急制动，HMI屏和列车信号屏无故障信息显示，列车停稳后司机以ATPM模式动车，列车运行正常。

3) 故障原因：不明。

4) 故障影响：影响列车准点运行，影响乘客乘车体验。因故障原因不明，可能造成无法动车等更严重的后果。制动过程可能造成列车轮对擦伤。

5) 解决方案：现场处理：待列车停稳后司机尝试使用ATPM启动车辆，若无法动车则以RM模式动车，若依旧无法动车，则尝试打"紧急牵引"旁路动车。后续处理：检查有关设备硬件状态和列车故障信息，若存在故障部件则更换。配合信号部门做好调查工作。

6) 故障实例：某地铁2016年6月开通至2017年2月共发生20起列车运行中出现紧急制动的故障。列车停稳后故障自动消失，紧急制动缓解，司机正常动车继续运营。列车回库后对车辆继电器、接线等部件的紧固状态及相关参数进行测量检查，均未发现异常。

(2) 典型故障：紧急停车按钮故障。

1) 故障件：紧急停车按钮。

2) 故障现象：

故障1：列车在动车前受电弓降无法升起，紧急停车按钮实际未被按下，风源压力正常。

故障2：列车正线运行时HMI显示"任一端紧停按钮拍下"，列车无法动车。紧急停车按钮实际并未被按下，受电弓正常升起,列车无其他故障。

3) 故障原因:

故障 1:停车按钮的 41、42 常闭触点存在偶发性接触不良,导致安全回路断开,无法正常升弓(图 3.2-1)。按钮被按下或弹起状态,该对触点均不导通。

故障 2:紧急停车按钮常闭触点 31、32 不导通,导致紧急停车反馈回路断开,但列车未真正施加紧急制动(图 3.2-2)。

图 3.2-1 对发生故障的紧急
停车按钮 41、42 触点检测

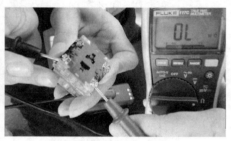

图 3.2-2 对发生故障的紧急
停车按钮 31、32 触点检测

4) 故障影响:故障 1:列车无法动车,影响列车正常作业。故障 2:影响列车准点运行,长时间无法动车可能导致乘客恐慌。制动过程可能造成列车轮对擦伤。

5) 解决方案:故障 1:现场处理:反复按压、复位全车 4 个紧急停车按钮,同时不断按升弓按钮尝试升弓。后续处理:检查紧急停车按钮,有关继电器等设备硬件状态,若存在故障部件则更换。

故障 2:现场处理:反复进行按压、复位操作,观察被按下的两个紧急停车按钮,同时观察 HMI 屏是否不再显示按钮被按下。若不再显示且受电弓未降下则立即动车,若受电弓已降下,则尝试升弓。后续处理:检查紧急停车按钮,有关继电器等设备硬件状态,若存在故障部件则更换。

6) 故障实例:国内某地铁正线运营站台作业完毕后,列车 HMI 屏弹出"任一端紧停按钮拍下",此时 DMI 显示屏出现红手掌。列车ATO、ATP无法动车,行调指令司机以RM模式动车,仍无法动车。司机切除ATC后仍无法动车后,行调组织救援。列车回库后下载数据分析,故障期间报"驾驶端紧急停车按钮按下",列车施加紧急制动,库内在故障时列车驾驶端将紧急牵引模式打至合位,紧急制动缓解,库内可正常动车。检查发现列车的紧急停车按钮的一常闭触点不导通(阻值无穷大),导致紧急停车反馈回路断开,列车施加紧急制动,无法动车。更换紧急停车按钮后,故障消失,列车功能正常。

2. 乘客信息系统典型故障研究

乘客信息系统属于故障率较高的系统。因为其直接面向乘客,发生故障时对乘客或司机造成的直接的影响。但由于部件和系统网络构成较为简单,故障处理方法也较为简单,可以在正线完成故障处理。重要部件的选择主要从部件逻辑功能、部件故障率及对乘客服务质量的影响三个方面考虑。

(1)典型故障:客室广播错误。

1)故障件:动态地图、贯通道LED显示屏、客室广播(图3.2-3)。

图3.2-3 贯通道LED显示屏故障

2)故障现象:贯通道LED显示屏显示站点信息错误,动态地图显示站点和方向错误,列车广播播报运行方向错误。

3) 故障原因：司机未将列车广播模式设置为自动模式，为手动模式。导致 PIS 不能自动识别站点信息并播放相应广播。

4) 故障影响：影响乘客体验，乘客无法正确得知站点信息。

5) 解决方案：现场处理：重新设置广播模式为自动。后续处理：加强司机管理和技能培训，规范司机出乘流程。

6) 故障实例：国内某地铁全线试运营以后，晚高峰期间乘客发现某车动态地图显示站点和方向与实际不符，误导其出行。车辆检修人员上车确认后，行调指令司机重新设置广播模式为自动，故障仍未消除。行调要求司机采用人工广播模式，并在终点站退出服务。列车回库后检查发现故障原因为解码板故障，更换新的解码板后故障消除。

(2) 典型故障：司机室 LCD 触摸屏卡屏。

1) 故障件：司机室 LCD 触摸屏。

2) 故障现象：司机室 LCD 触摸屏卡屏，画面无法正常切换，画面不运动。

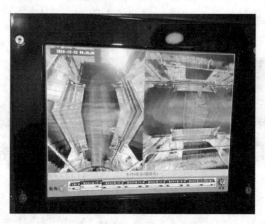

图 3.2-4　司机室 LCD 触摸屏卡屏

3) 故障原因：未明确。可能由于 CPU 占用过高或其他硬件原因导致。

4) 故障影响：影响司机作业。司机无法监控客室情况，紧急情况下无法有效获取信息。

5）解决方案：现场处理：复位司机室控制主机空气开关，重启设备和网络。后续处理：检查硬件状态，若存在故障则更换；重新刷新软件。

6）故障实例：国内某地铁列车在正线运营期间，司机发现CCTV监控屏出现花屏的现象。车辆检修人员上车确认后，建议司机通过分合ACSU空气开关重启CCTV屏，后故障没有消除。列车回库后检查发现故障原因为CCTV屏内部电路板出现虚焊，更换新的CCTV屏后故障消除。

（3）典型故障：司机室对讲无效。

1）故障件：广播控制盒（图3.2-5）。

2）故障现象：司机室对讲无效；一端听不到对面司机室的对讲；两端听不到对面司机室的对讲。

图3.2-5 广播控制盒故障

3）故障原因：广播控制盒内部线路元件损坏，或其他偶发故障。

4）故障影响：影响司机作业。司机无法利用车载电台与对面接车司机沟通，影响接车作业和折返作业。

5）解决方案：现场处理：复位司机室控制主机空气开关，若无效，则使用司机随身携带的手持电台进行对讲。后续处理：检查硬件状态，若存在故障则更换。

6）故障实例：国内某地铁列车在正线运营期间，司机在进行折返作业时发现客室人工广播失效，与对面司机室司机无法听到本端司机对讲，本端司机可以听到对面司机对讲。为完成折返作业，司机使用手持电台进行对讲。进入折返线后司机合ACSU开关，故障依然存在。列车回库后检查发现该车广播控制盒手持话筒故障,导致声频不能传输到PIS设备,更换手持话筒后,该故障消失。

(4) 典型故障:摄像头无法连接。

1) 故障件:摄像头或交换机(图3.2-6)。

2) 故障现象:故障1:单个客室、司机室、弓网摄像头画面在CCTV屏上无显示,CCTV屏显示"连接失败,等待重连"信息。

故障2:单节车所有摄像头在CCTV屏上无显示,CCTV屏显示"连接失败,等待重连"信息。

图3.2-6 摄像头故障

3) 故障原因:故障1:单个摄像头故障。故障2:故障时驾驶端司机室的广播主机中的交换机工作指示灯不亮,交换机内部故障。

4) 故障影响:紧急情况下无法有效获取信息。

5) 解决方案:现场处理:复位司机室控制主机空气开关,若无效,则回库后处理。后续处理:检查硬件状态,若存在故障则更换。

6) 故障实例:国内某地铁列车在正线运营期间,司机在进行折返作业时发现CCTV显示全部摄像头显示连接失败。司机分合ACSU空气开关后故障未消失。列车回库后检查发现车司机室广播主机的交换机工作灯全部常亮（正常时工作灯应该是闪亮），表明该交换机已不能正常工作，检查网络接线无松动，检查其余模块无异常，更换交换机备件后恢复正常。

（5）典型故障：客室 LCD 屏显示故障。

1）故障件：客室 LCD 显示屏或交换机或媒体编码板（图 3.2-7）。

图 3.2-7　客室 LCD 显示屏故障

2）故障现象：现象 1：某节车客室某个 LCD 显示屏显示画面卡滞，不能继续播放当前视频。现象 2：全列车客室所有 LCD 显示屏显示画面卡滞，不能继续播放当前视频。现象 3：全车客室 LCD 显示屏黑屏。

3）故障原因：故障 1：单个客室 LCD 显示屏内部故障。故障 2：占有端司机室广播主机车媒体编码板故障；所播放视频的格式、码流、MD5 值不符合要求，或媒体编码表 SD 卡损坏导致无法播放。故障 3：故障车客室控制主机中的交换机工作指示灯不亮，交换机内部故障。

4）故障影响：影响乘客乘车体验。

5）解决方案：现场处理：复位司机室控制主机空气开关，若无效，则回库后处理。后续处理：检查硬件状态，若存在故障则更换。

6) 故障实例：国内某地铁列车在正线运营期间，跟车人员发现全车客室 LCD 屏卡屏。司机在折返线复位 ACSU 空气开关，全车客室 LCD 显示屏黑屏故障仍然存在。

列车回库后检查故障仍在，检查发现该车交换机工作灯不正常，P1 口不亮，重启后无效，其余交换机正常。关闭故障车 ACSU 后，使用对面头车的车媒体编码板播放，全车客室 LCD 屏显示正常。将故障车的媒体编码板转移至对面端使用，发现工作正常，排除媒体编码板问题。更换故障车交换机后黑屏故障消失。